L

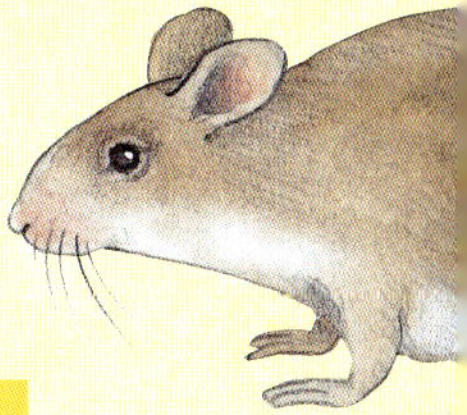

H

M

J

K

I

Hören & entdecken

Mein erster
HÖR-BROCKHAUS

Illustriert von Renate Seelig

F.A. BROCKHAUS

So einfach kannst du Bücher mit Ting lesen und hören:

Zum Einschalten drückst du 2 Sekunden lang diesen Knopf. Wenn es geklappt hat, hörst du einen kurzen Ton.

Danach tippst du mit der Spitze von TING auf den Punkt im inneren Kreis. Wieder hörst du einen kurzen Ton. Das machst du bei jedem neuen Buch wieder genauso.

Los geht's. Jetzt kannst du mit TING dieses Buch lesen und wirst schöne Überraschungen erleben.

Hinweis: Wenn du mehr über TING und weitere TING-Bücher wissen möchtest, frag einfach im Buchhandel oder schau im Internet unter www.ting.eu

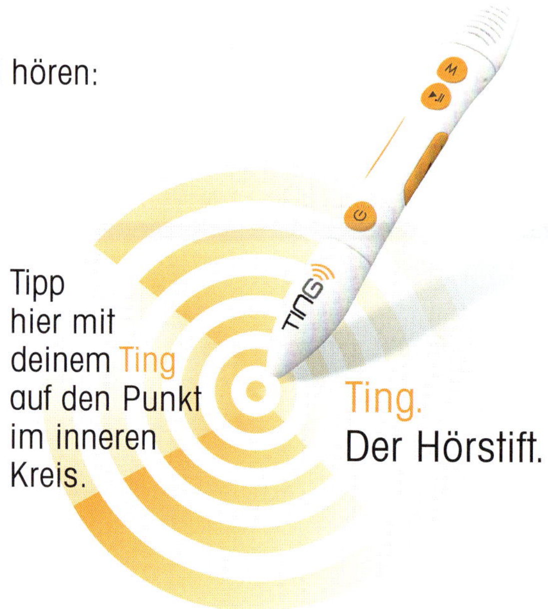

In diesem Buch sind über 500 Alltagsgeräusche, spannende Geschichten, lustige Reime und Zungenbrecher, fröhliche Kinderlieder sowie interessante Wissensinformationen versteckt. Wenn du mit deinem TING-Stift auf die Bilder oder Audiosymbole tippst, kannst du sie entdecken.

Tippst du die Flaggen und die deutschen bzw. die farbig geschriebenen englischen Wörter an, kannst du dir mehr als 100 Dialoge in Deutsch und Englisch sowie über 500 zweisprachig vertonte Begriffe anhören. Viel Spaß!

Die Illustratorin dankt Stefan Seelig für seine Mitarbeit.

Bibliografische Information der Deutschen Nationalbibliothek
Die Deutsche Nationalbibliothek verzeichnet diese Publikation in der Deutschen Nationalbibliografie; detaillierte bibliografische Daten sind im Internet über http:/dnb.ddb.de abrufbar.

Das Wort BROCKHAUS ist für den Verlag F.A. Brockhaus/wissenmedia in der inmediaONE] GmbH als Marke geschützt.

Redaktionelle Leitung: Anke Braun
Audiotexte und Lektorat: Verlagsservice4kids, Wien
Organisation Audioproduktion: Tim Schönemann, Produktentwicklung für Verlage
Beratung Audios: Felix Wenzel
Satz und Layout: tiff.any GmbH, Berlin
Einbandgestaltung: FaktorZwo/ Bielefeld
Herstellung: Marcel Hellmund
Druck und Bindung: Himmer AG, Augsburg
Printed in Germany

ISBN 978-3-577-07615-9
ISBN 978-3-577-07638-8 (Ausgabe TING Starter-Set)

A

Adler
eagle

Adventskranz
Advent wreath

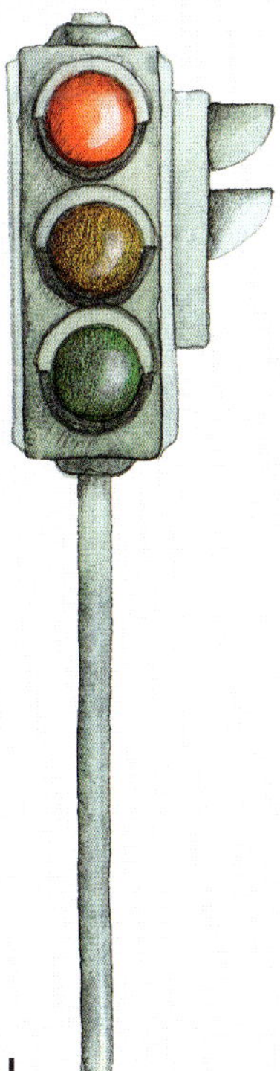

Ampel
traffic lights

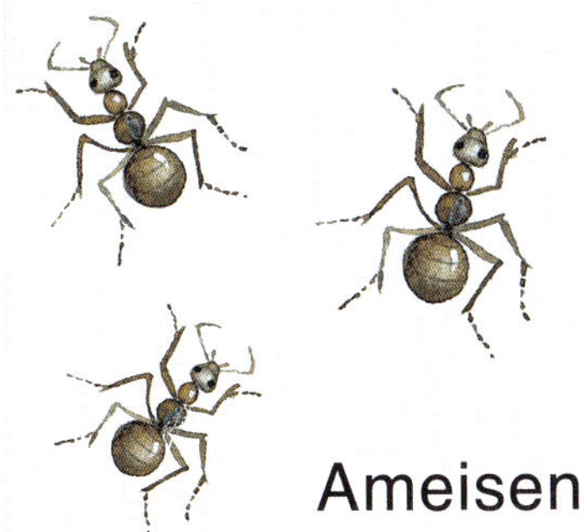

Ameisen
ants

Amsel
blackbird

Affe
monkey

Apfel
apple

Anker
anchor

Angler
fisherman

Ärztin
female doctor

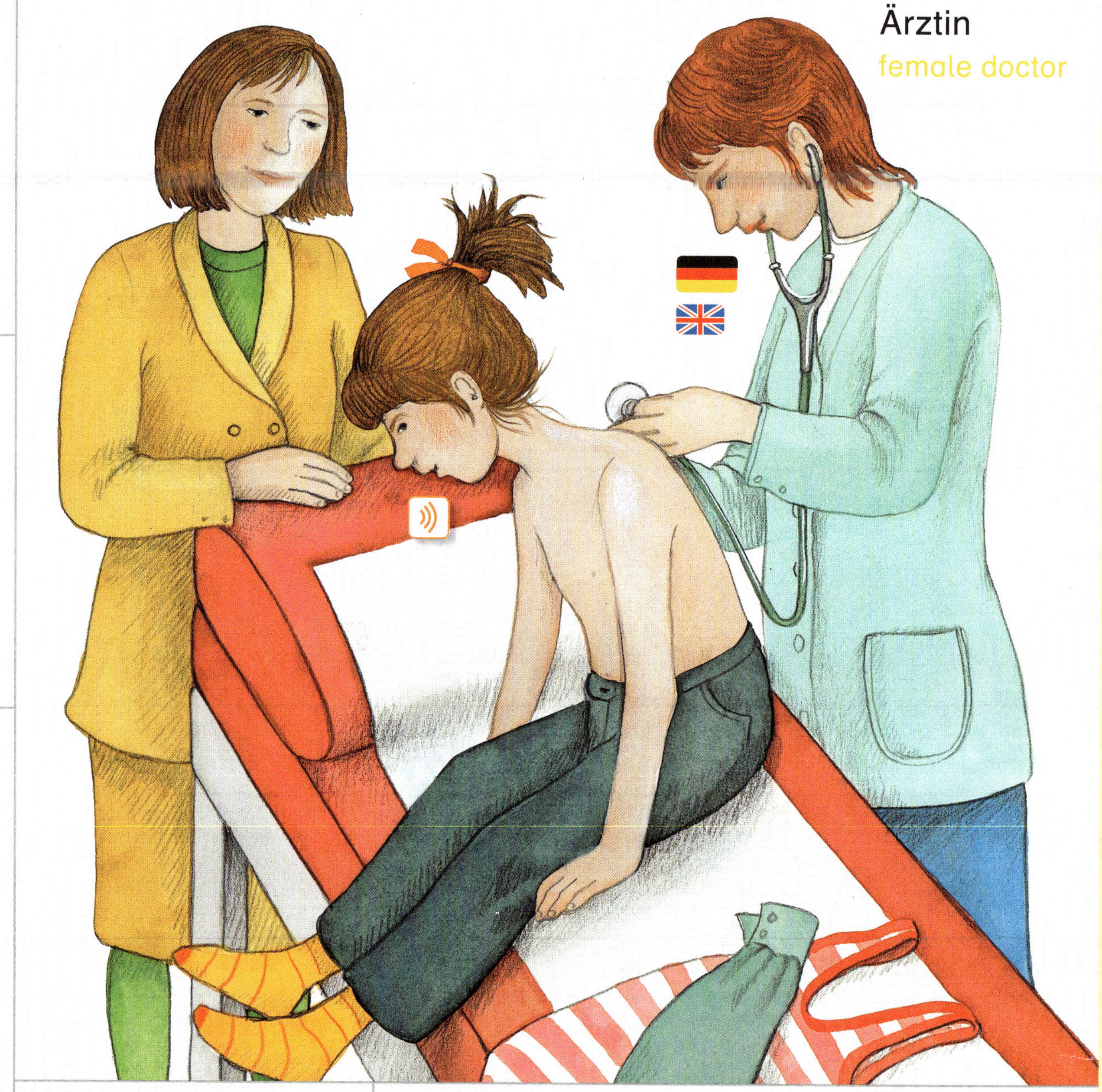

Ananas
pineapple

Aquarium
aquarium

Abend
evening

Astronaut
astronaut

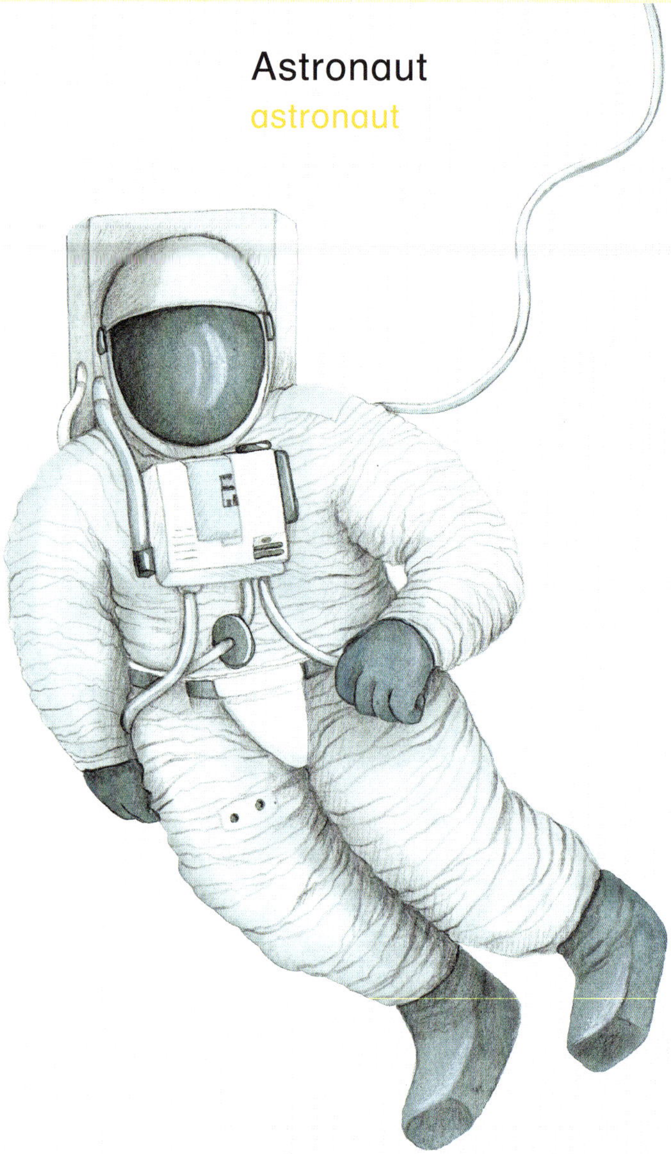

Aufzug
lift

Axt
axe

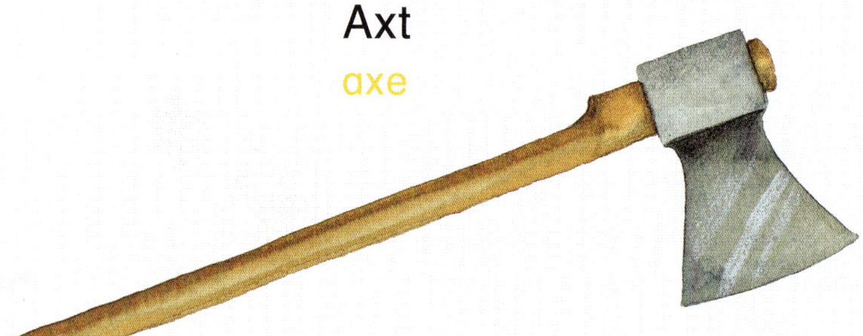

Auto
car

B

Baby
baby

Ball
ball

Bank
bench

Ballett
ballet

Bäckerei
bakery

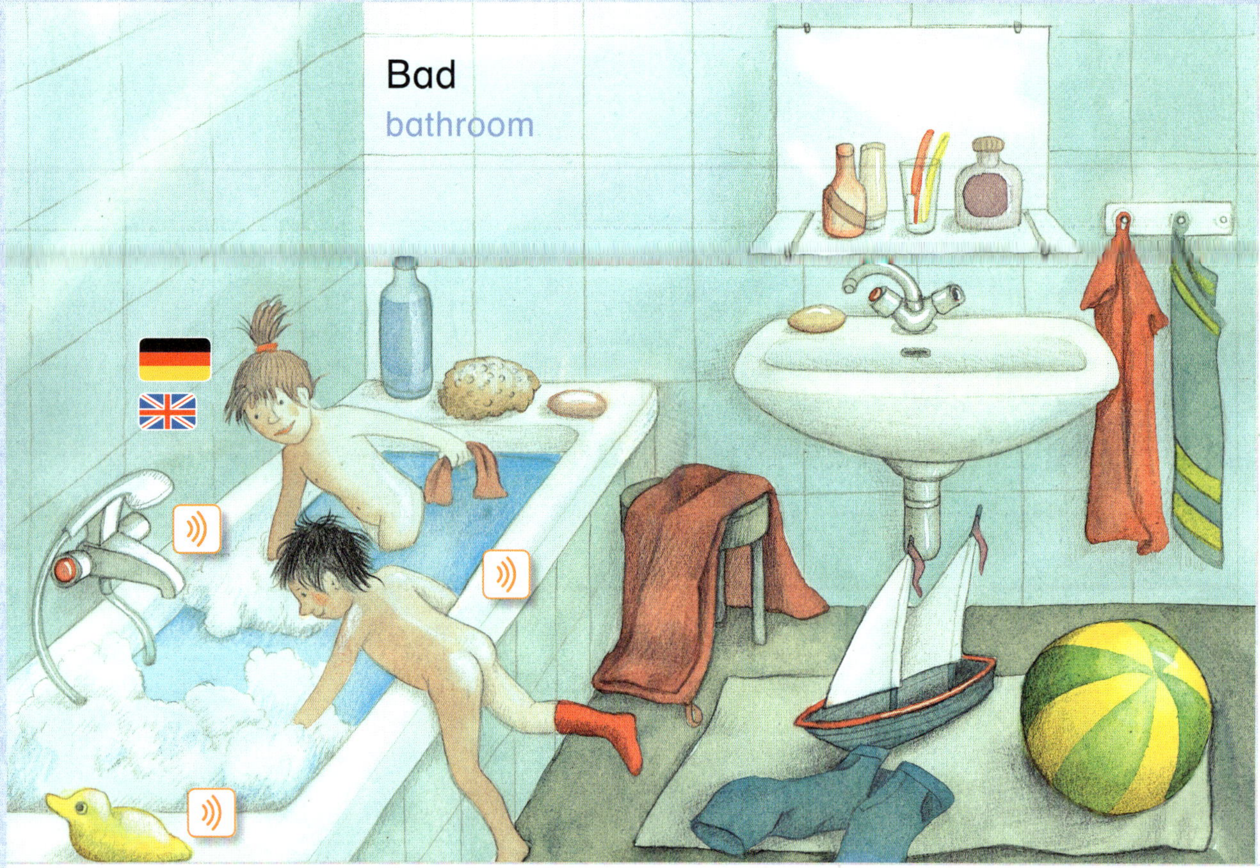

Bad
bathroom

Banane
banana

Bauklötze
building blocks

Bär
bear

Bagger
digger

6 ICE Abfahrt 17 20
nach MÜNCHEN
über Würzburg-Nürnberg
ICE
Abfahrt
Bahnhof
railway station

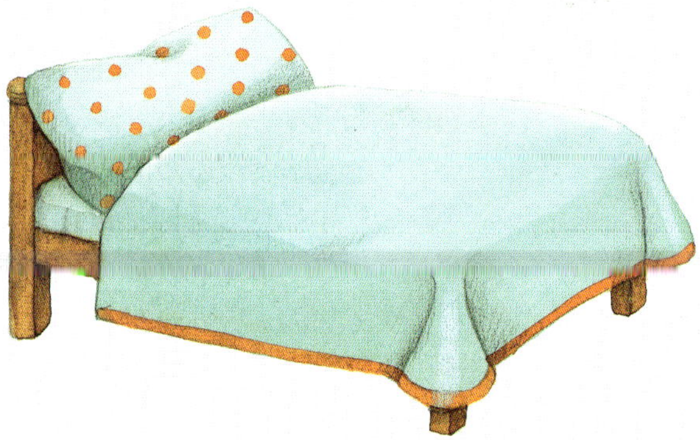

Bett
bed

Besen
broom

Blitz
lightning

Baum
tree

Biene
bee

Bauernhof
farm

Baustelle
building site

Biber
beaver

Birne
pear

Blatt
leaf

Bohnen
beans

Blumentopf
flowerpot

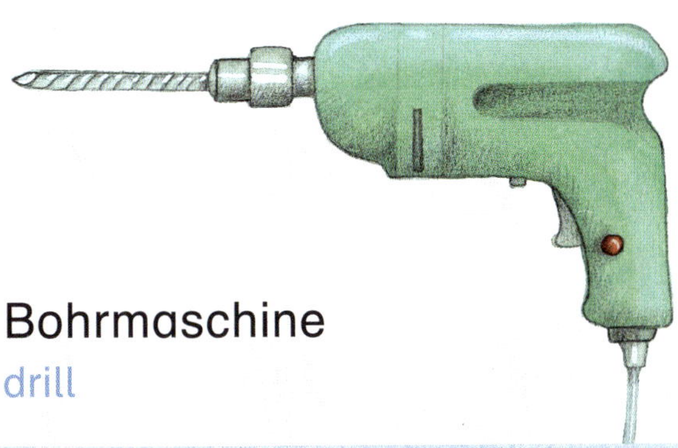

Bohrmaschine
drill

Blumenstrauß
bunch of flowers

Brief
letter

Briefträger
postman

Brett
board

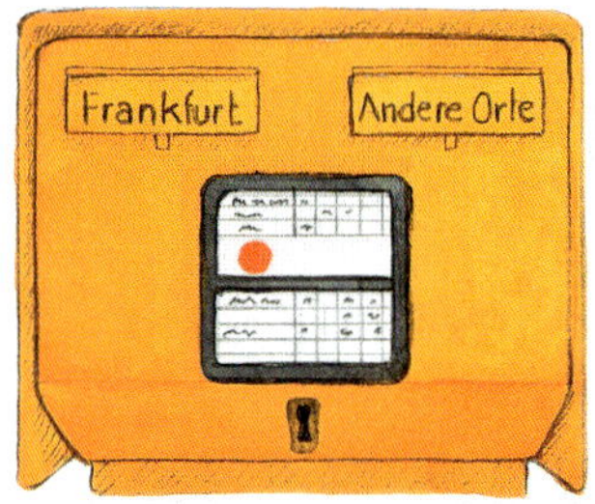

Briefkasten
postbox

Boot
boat

Brennnessel
stinging nettle

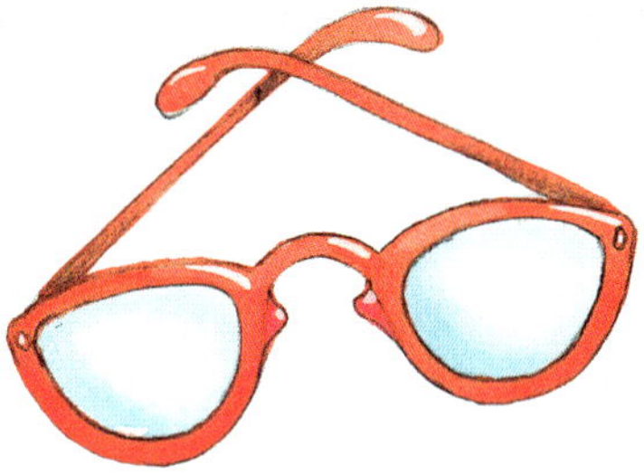

Brille
glasses

Brombeeren
blackberries

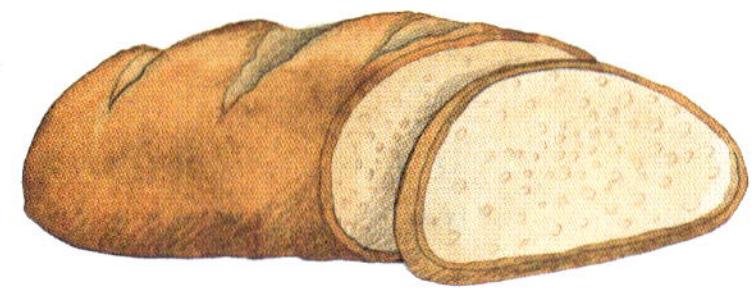

Brot
bread

Brücke
bridge

Brötchen
rolls

Buch
book

Buchfink
chaffinch

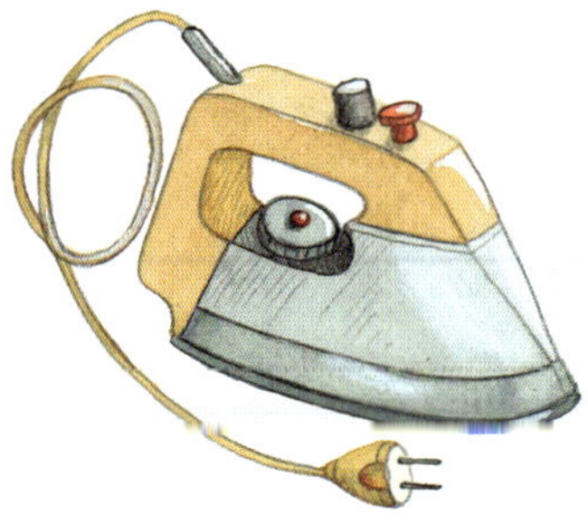

Bügeleisen
iron

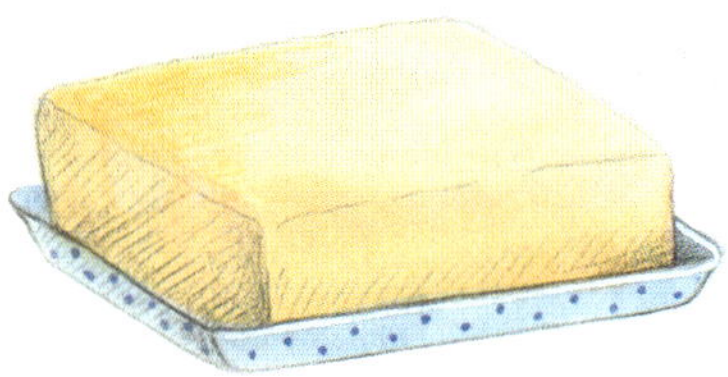

Butter
butter

Bushaltestelle
bus stop

Bus
bus

Büro
office

Butterblume
buttercup

Burg
castle

C

Cowboy
cowboy

Creme
cream

Campingplatz
camp site

Chamäleon
chameleon

Clown
clown

Computer
computer

Chor
choir

D

Dose
tin

Delfin
dolphin

Distel
thistle

Dorf
village

Dach
roof

Dreirad
tricycle

Dachs
badger

Drache
dragon

Dreieck
triangle

Drachen
kite

Dinosaurier
dinosaur

E

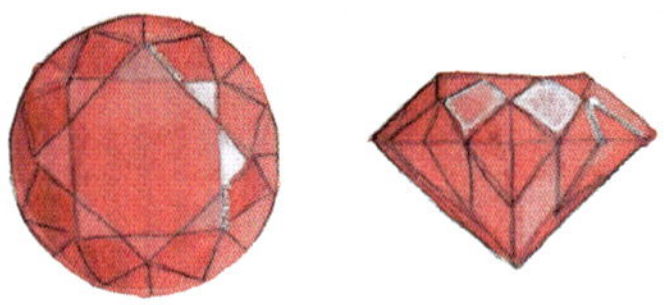

Edelsteine
precious stones

Eisbär
polar bear

Efeu
ivy

Eichhörnchen
squirrel

Ei
egg

Eidechse
lizard

Elster
magpie

Eichel
acorn

Elefant
elephant

Eimer
bucket

Eis
ice cream

Ente
duck

Eisenbahn
railway

Erde
earth

Erdbeeren
strawberries

Erbsen
peas

Erdnüsse
peanuts

Esel
donkey

Essen
meal

Eule
owl

Ernte
harvest

Fass
barrel

Fahrrad
bicycle

F

Familie
family

Fahne
flag

Feder
feather

Federballspiel
badminton

Fastnacht
carnival

Fenster
window

Fernglas
binoculars

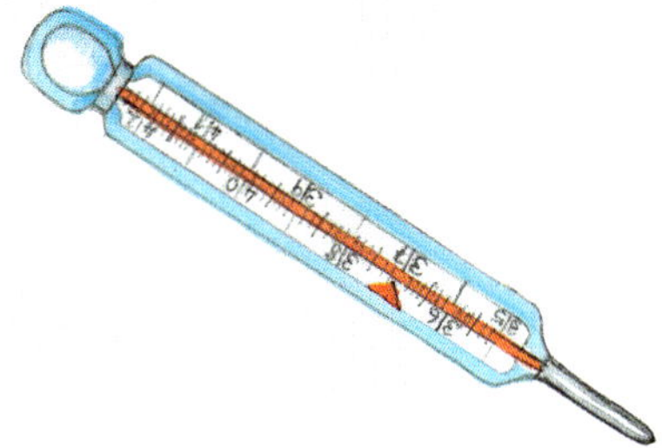

Fieberthermometer
thermometer

Flasche
bottle

Fernseher
television

Fisch
fish

Flieder
lilac

Fliege
fly

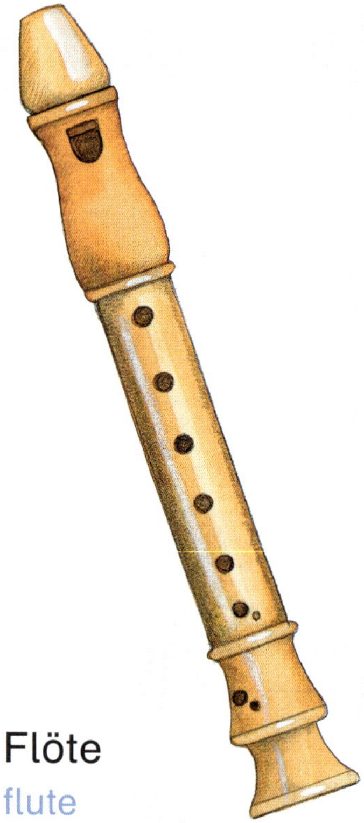

Flöte
flute

Fluss
river

Fotoapparat
camera

Friedhof
cemetery

Feuerwehr
fire brigade

Flughafen
airport

Friseur
hairdresser

Frosch
frog

Fuchs
fox

Fußballspiel
football match

Frühling
spring

G

Gans
goose

Gabel
fork

Garagen
garages

Gänseblümchen
daisies

Geld
money

Geige
violin

Geschenk
present

Garten
garden

Getreide
corn

Gießkanne
watering can

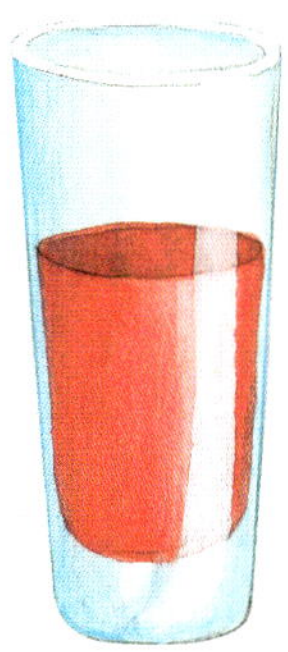

Glas
glass

Gitarre
guitar

Giraffe
giraffe

Glocke
bell

Glühwürmchen
firefly

Goldfisch
goldfish

Glockenblume
harebell

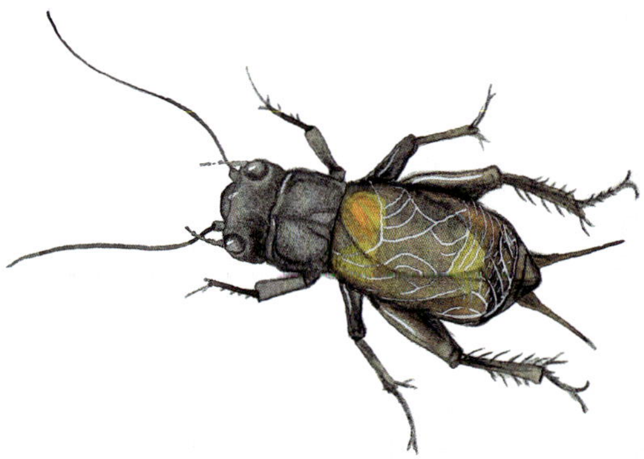

Grille
cricket

Glühbirne
light bulb

Gurke
cucumber

Geburtstag
birthday

H

Hahn
cock

Huhn
chicken

Handtuch
towel

Haar
hair

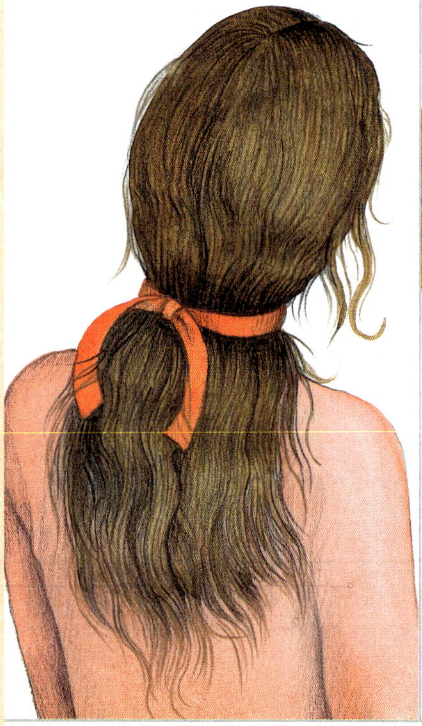

Hagebutten
rose hips

Hampelmann
jumping jack

Hammer
hammer

Hafen
harbour
762

Hase
hare

Haselnüsse
hazelnuts

Himbeere
raspberry

Hamster
hamster

Hexe
witch

Handschuhe
gloves

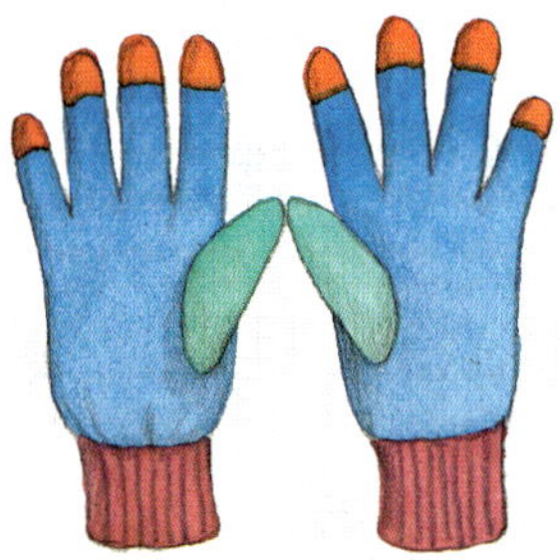

Heidelbeeren
blueberries

Heuschrecke
grasshopper

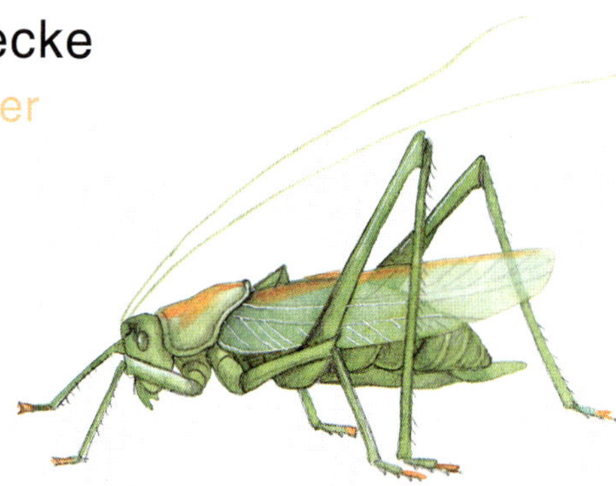

Haus
house

Herbst
autumn

Hirsch
deer

Hochzeit
wedding

Hochhaus
high-rise building

Hubschrauber
helicopter

Hummel
bumble-bee

Hut
hat

Hyazinthe
hyacinth

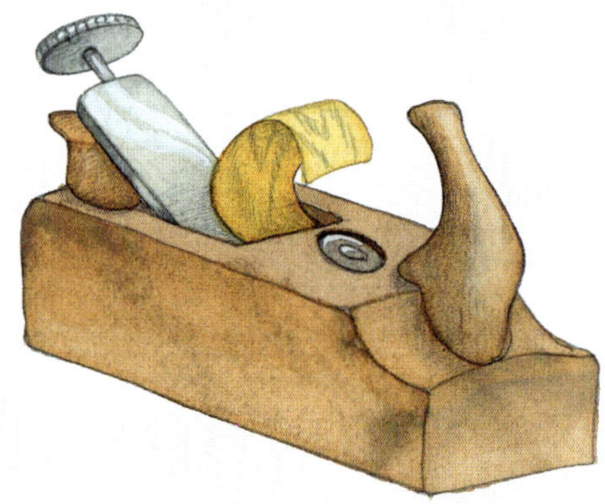

Hobel
plane

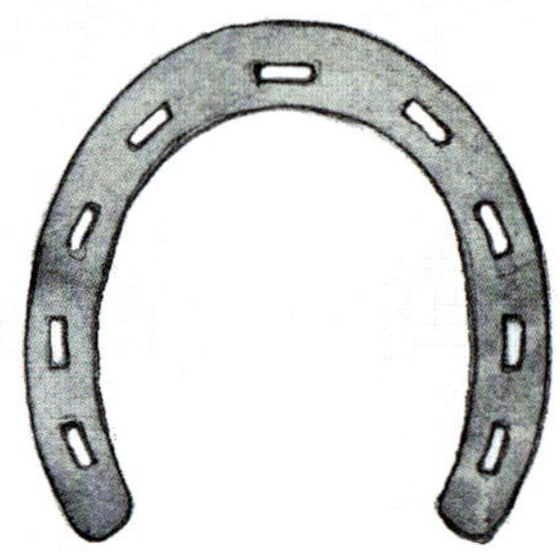

Hufeisen
horseshoe

Hunde
dogs

I

Iris
iris

Igel
hedgehog

Indianer
Indian

Insel
island

J

Jongleur
juggler

Jo-Jo
yo-yo

Johannisbeeren
redcurrants

Judo
judo

K

Kaninchen
rabbit

Kamille
camomile

Kaktus
cactus

Kamel
camel

Känguru
kangaroo

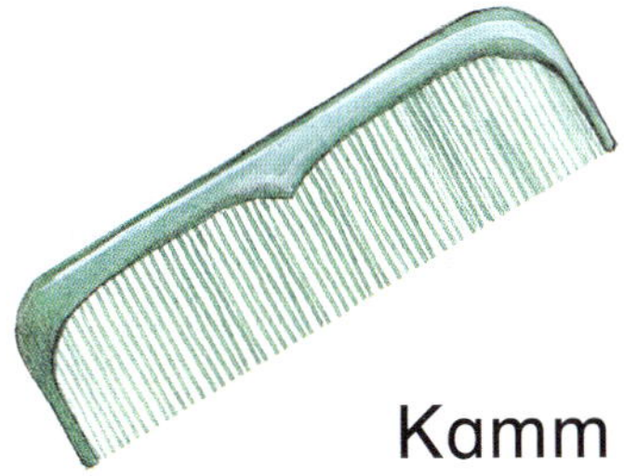

Kamm
comb

Karotte
carrot

Kasse
till

Kanarienvogel
canary

Kartoffel
potato

Käse
cheese

Kasperletheater
Punch and Judy show

Katze
cat

Kastanien
chestnuts

Karussell
merry-go-round

Kerze
candle

Kinder
children

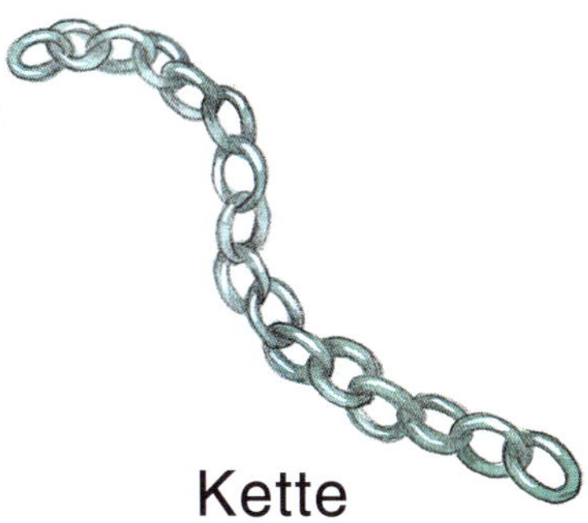

Kette
chain

Kinderwagen
pram

Kirschen
cherries

Kissen
pillow

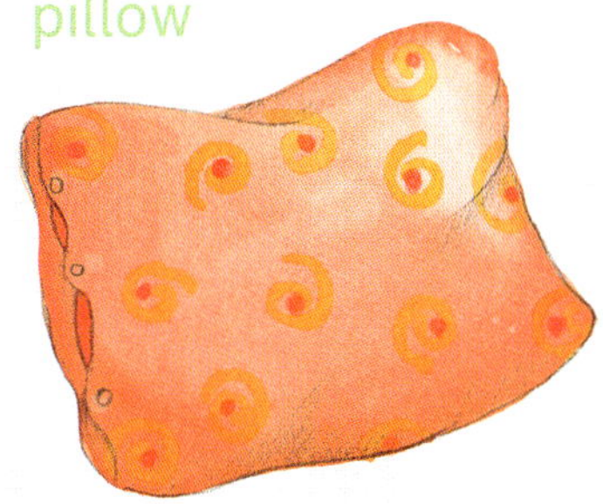

Kindergarten
nursery school

Kiste
box

Kirche
church

Klavier
piano

Klee
clover

Kohl
cabbage

Koffer
suitcase

Kokosnuss
coconut

Knoblauch
garlic

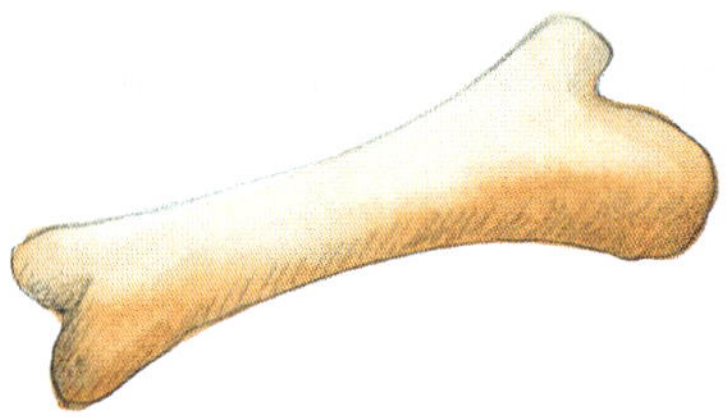

Knochen
bone

Knopf
button

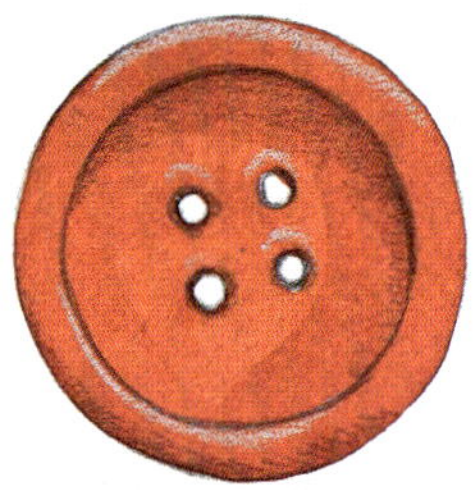

König
king

Königin
queen

Kran
crane

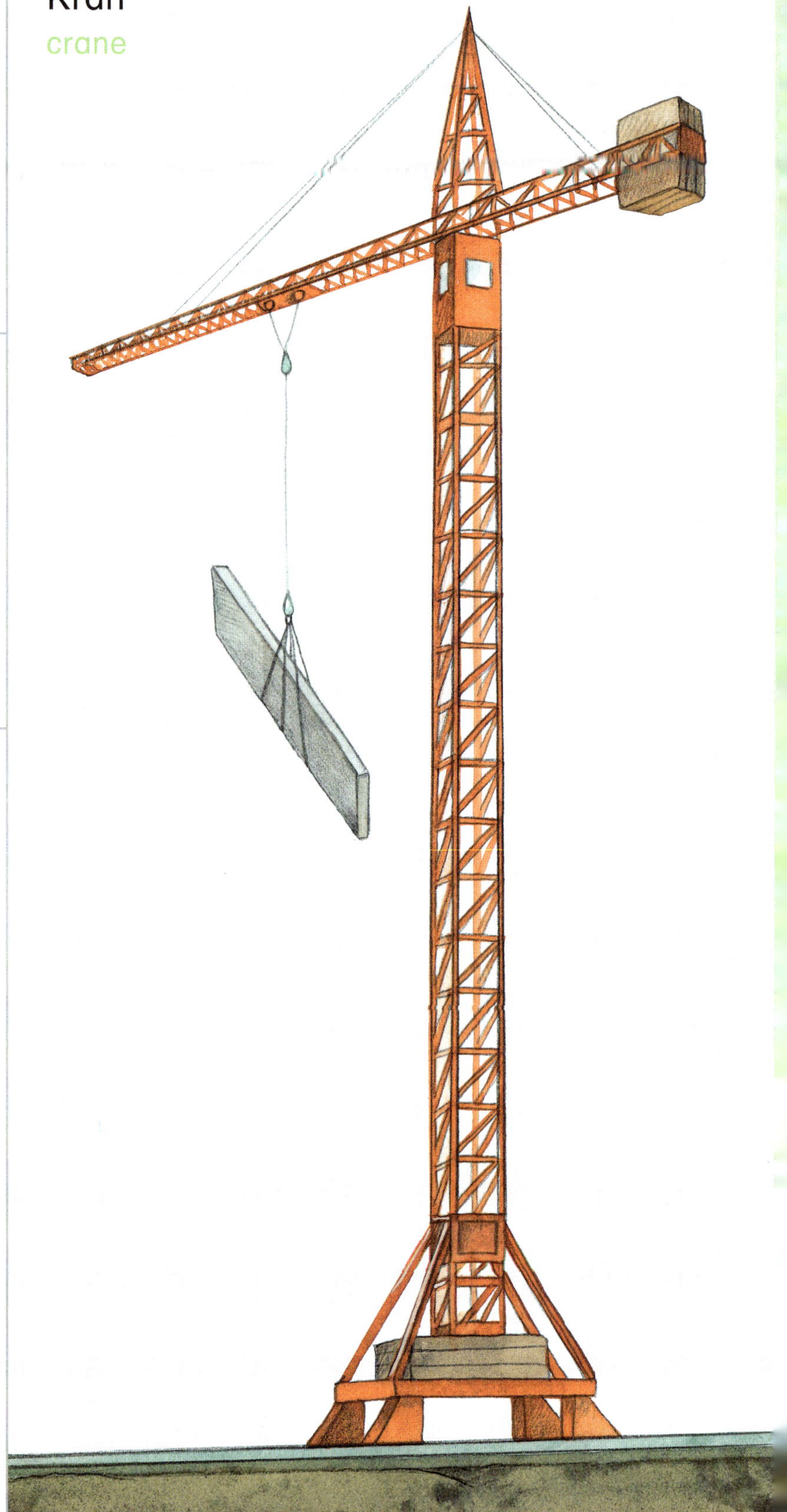

Krankenhaus
hospital

Krebs
crab

Kreis
circle

Kuh
cow

Krokodil
crocodile

Krokus
crocus

Kuchen
cake

Küche
kitchen

L

Lastwagen
lorry

Leiter
ladder

Laterne
lantern

Leopard
leopard

Libelle
dragonfly

Leuchtturm
lighthouse

Löwenzahn
dandelion

Lilie
lily

Löffel
spoon

Luftschiff
airship

Lokomotive
locomotive

Lupe
magnifying glass

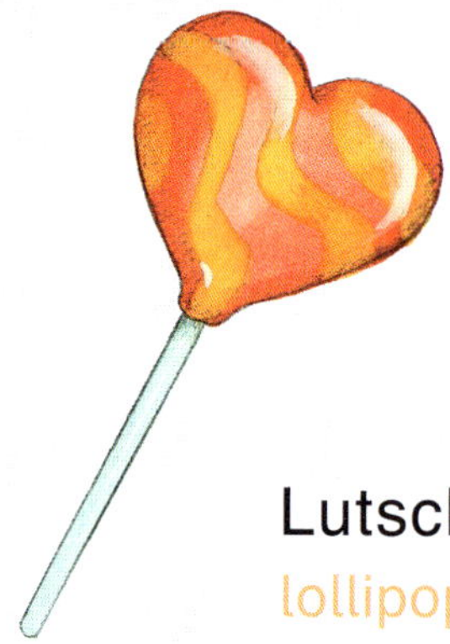

Lutscher
lollipop

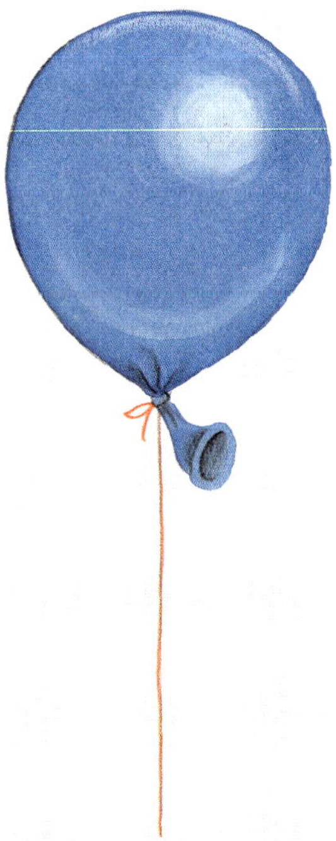

Luftballon
balloon

Löwe
lion

Maske
mask

Margerite
marguerite

M

Mandeln
almonds

Maiglöckchen
lily of the valley

Mais
maize

Maler
painter

Maikäfer
cockchafer

Marionette
puppet

Maus
mouse

Maurer
bricklayer

Marienkäfer
ladybird

Maulwurf
mole

Markt
market

Melone
melon

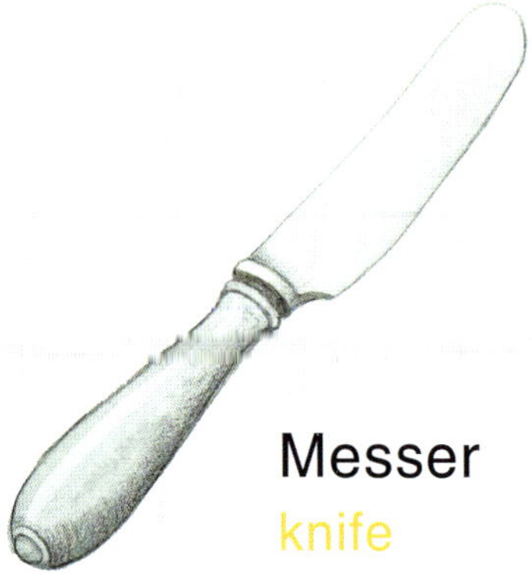

Messer
knife

Mond
moon

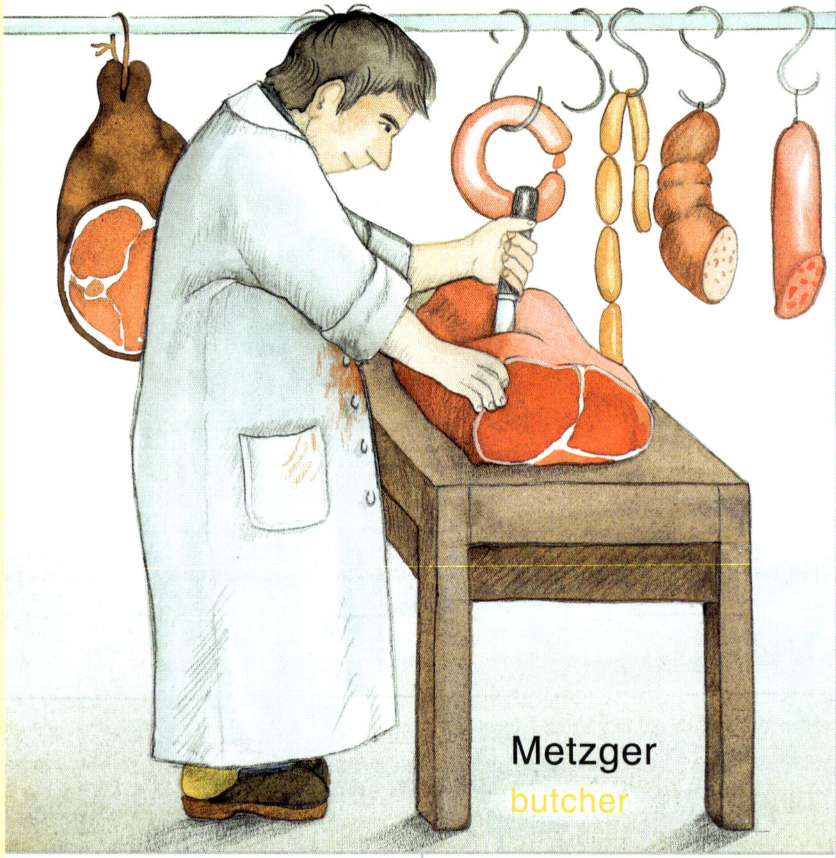

Metzger
butcher

Milch
milk

Muscheln
sea shells

Meerschweinchen
guinea pig

Morgen
morning

Motorrad
motorbike

Mücke
mosquito

Mütze
cap

Müllauto
dustcart

Mülltonnen
dustbins

N

Nachtigall
nightingale

Nest
nest

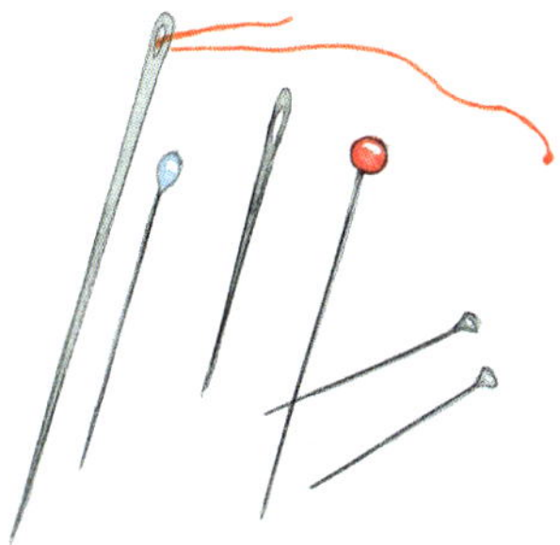

Nadeln
needles

Nixe
mermaid

Nashorn
rhinoceros

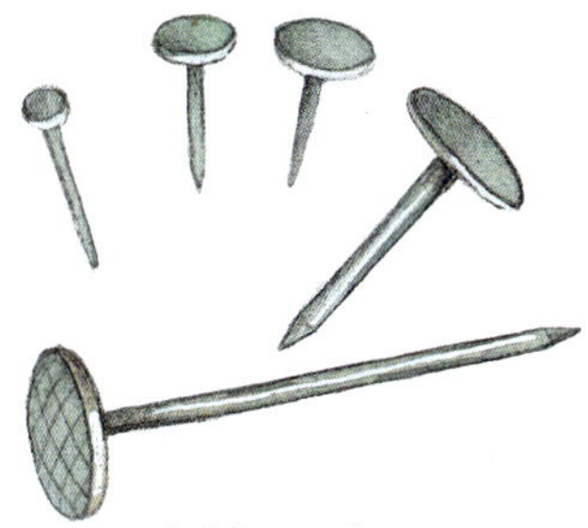

Nägel
nails

Nelke
carnation

Nacht
night

Nudeln
pasta

Nikolaus
St Nicholas

Nüsse
nuts

Nussknacker
nutcracker

Nilpferd
hippopotamus

O

Oliven
olives

Osterglocken
daffodils

Ohrringe
earrings

Orange
orange

Opa
grandpa

Oma
grandma

Orang-Utan
orang-utan

Ostereier
Easter eggs

P

Palme
palm tree

Papagei
parrot

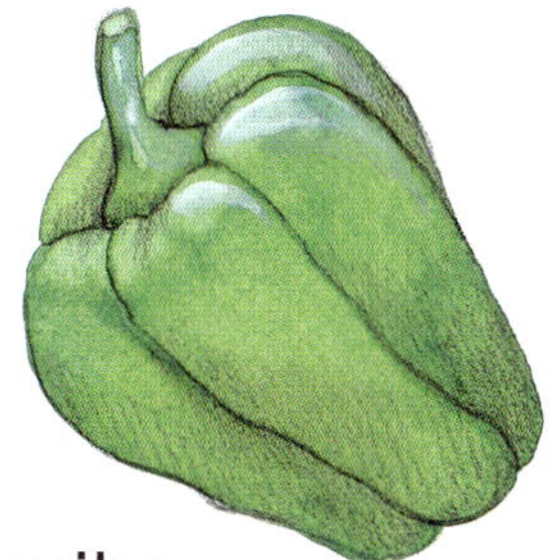

Paprika
pepper

Paket
parcel

Pfau
peacock

Pfanne
pan

Pfannkuchen
pancake

Petersilie
parsley

Pfeife
pipe

Pflaume
plum

Pilze
mushrooms

Pferd
horse

Pfirsich
peach

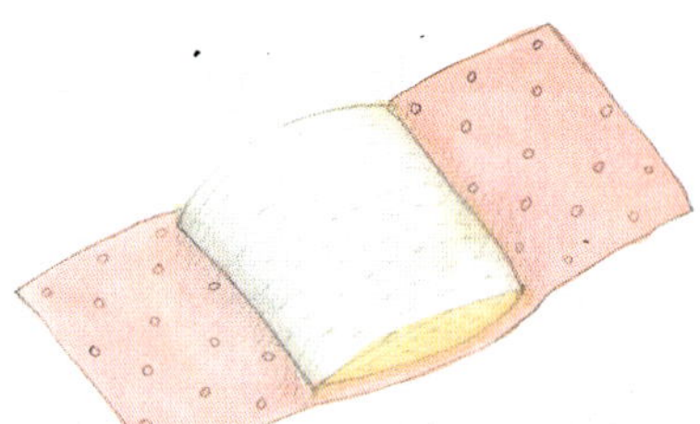

Pflaster
plaster

Park
park

Pinguine
penguins

Pullover
pullover

Pudding
pudding

Pinsel
brush

Polizistin
policewoman

Puzzle
puzzle

Puppe
doll

Pommes frites
chips

Post

post office

Q

Quadrat
square

Qualle
jellyfish

Quelle
spring

Quark
quark

Quitte
quince

R

Rabe
raven

Radieschen
radish

Radio
radio

Rakete
rocket

Raupe
caterpillar

Regenschirm
umbrella

Rechteck
rectangle

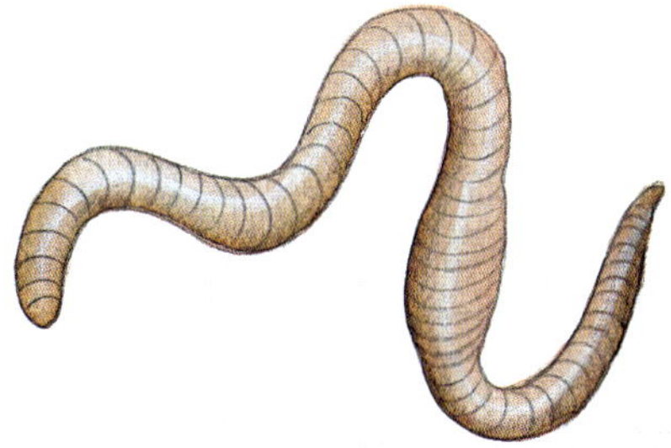

Regenwurm
worm

Reiterin
rider

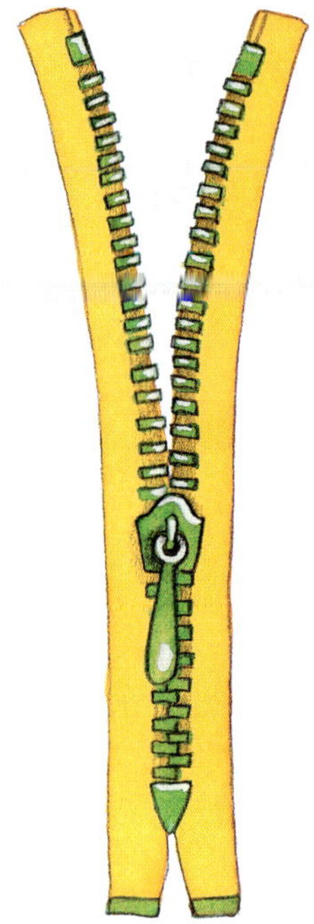

Reißverschluss
zip

Rehe
deer

Rettungswagen
ambulance

Regen
rain

Ritter
knight

Riese
giant

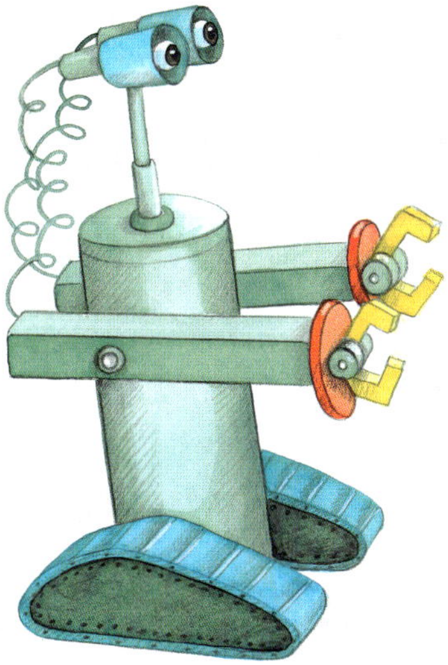

Roboter
robot

Rollschuhe
roller skates

Rucksack
rucksack

Rose
rose

Rollstuhl
wheelchair

Rutschbahn
slide

S

Sack
sack

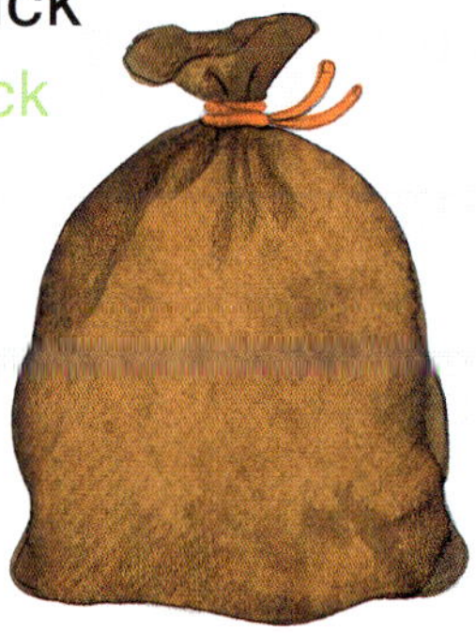

Schal
scarf

Schaufel
shovel

Säge
saw

Salat
lettuce

Schäfer
shepherd

Schafe
sheep

Schaukel
swing

Schaukelpferd
rocking horse

Schiff
ship

Schlittschuhe
skates

Schildkröte
tortoise

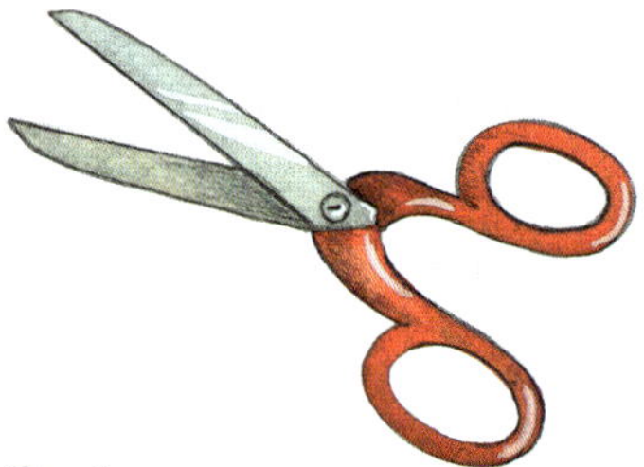

Schere
scissors

Schleife
bow

Schlitten
sledge

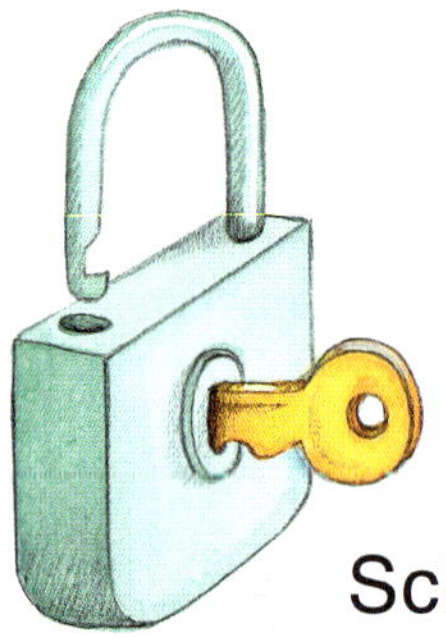

Schloss
lock

Schlüssel
keys

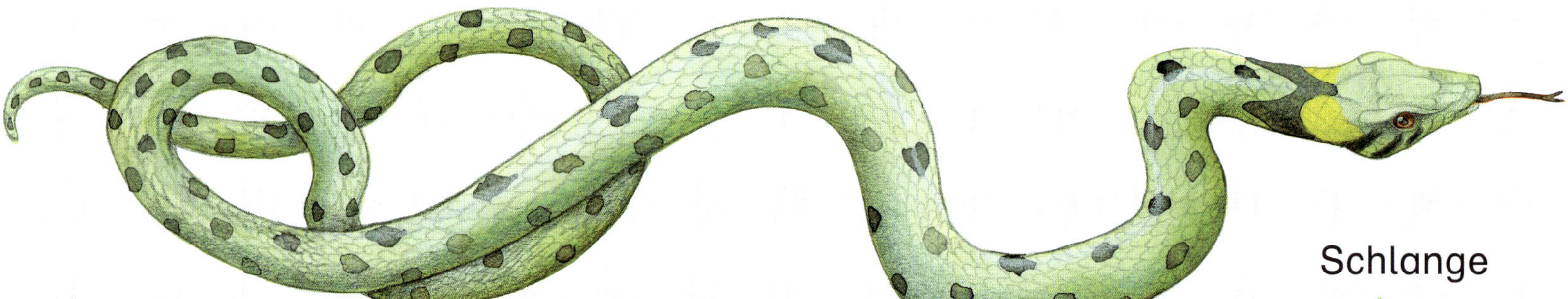

Schlange
snake

Schloss

castle

Schmetterling
butterfly

Schnecke
snail

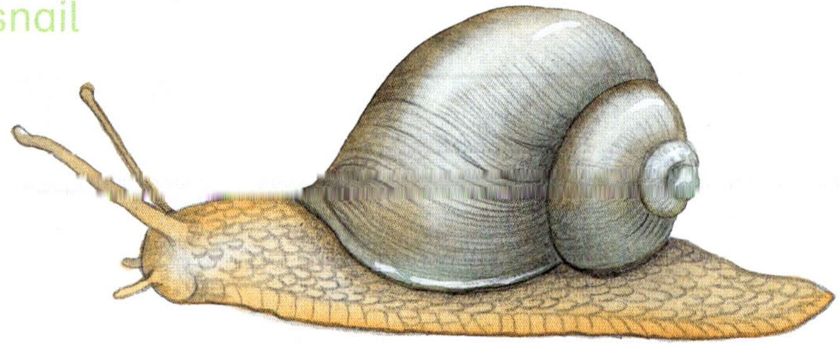

Schokolade
chocolate

Schneeglöckchen
snowdrop

Schneemann
snowman

Schnittlauch
chives

Schornsteinfeger
chimney sweep

Schornstein
chimney

Schrauben
screws

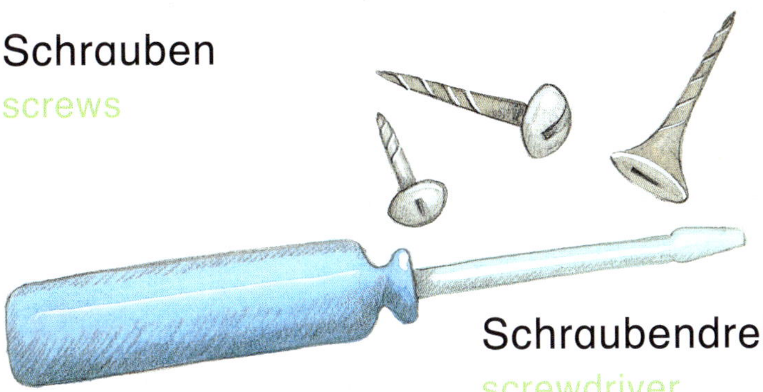

Schraubendreher
screwdriver

Schranke
gate

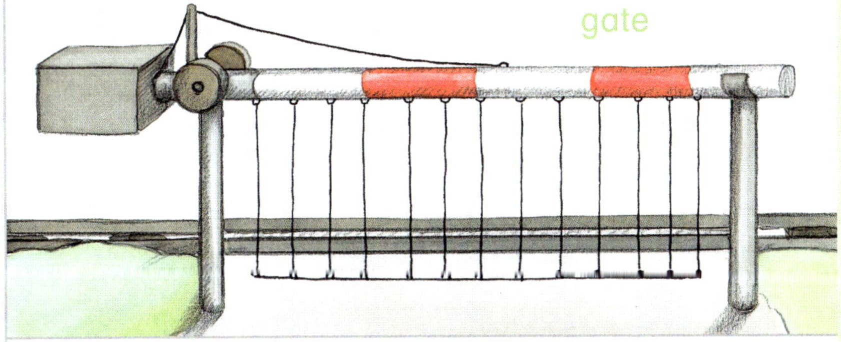

Schrank
wardrobe

Schubkarre
wheelbarrow

Schulklasse
school class

Schwalbe
swallow

Schwamm
sponge

Schüssel
bowl

Schwan
swan

Schwimmbad
swimming pool

Schwein
pig

Seestern
starfish

Seife
soap

Seerose
waterlily

Seepferdchen
sea horse

Seehund
seal

See
lake

Seilbahn
cable railway

Skateboard
skateboard

Seifenblasen
soap-bubbles

Sieb
sieve

Sessel
armchair

Skier
skis

Sofa
sofa

Sommer
summer

Spaten
spade

Spatz
sparrow

Sparbüchse
money box

Spargel
asparagus

Spinne
spider

Specht
woodpecker

Spiegel
mirror

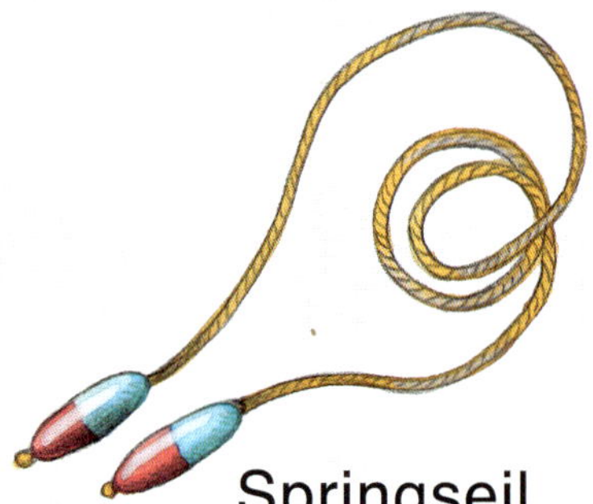

Springseil
skipping rope

Sportplatz

sports field

Stadt
town

Springbrunnen
fountain

Sonne
sun

Stachelbeere
gooseberry

Staubsauger
vacuum cleaner

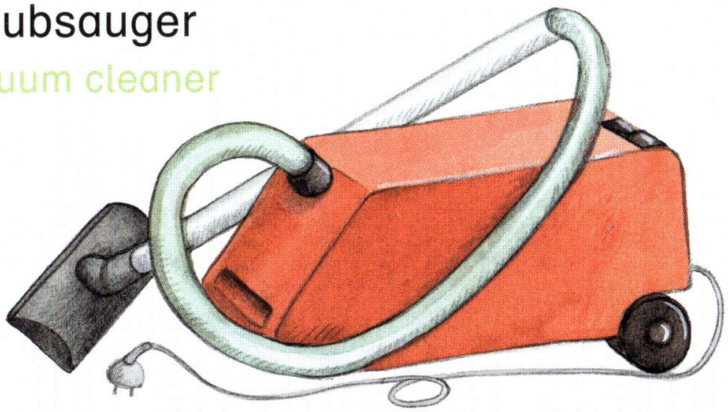

Spielplatz
playground

Star
starling

Stein
stone

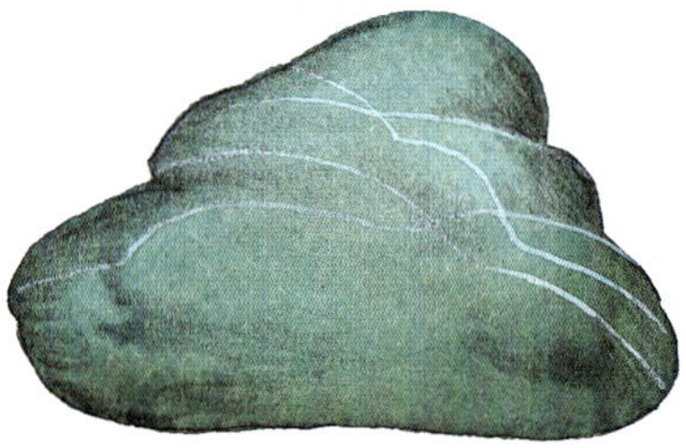

Strohhalm
straw

Storch
stork

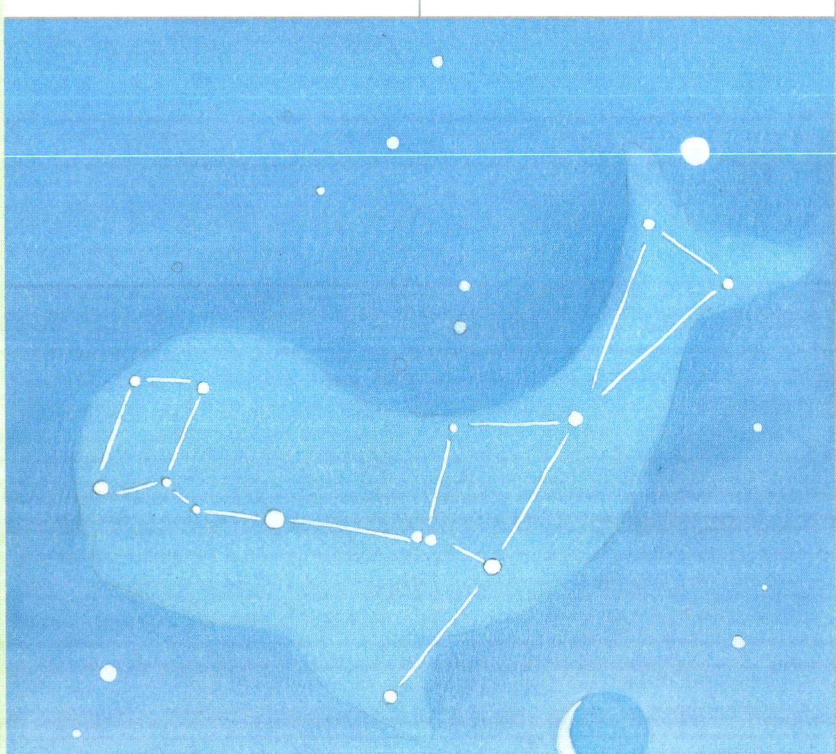

Sternbild
constellation

Streichhölzer
matches

Stiefmütterchen
pansy

Strand
beach

Supermarkt
supermarket

Straße
street

Stuhl
chair

Straßenbahn
tram

T

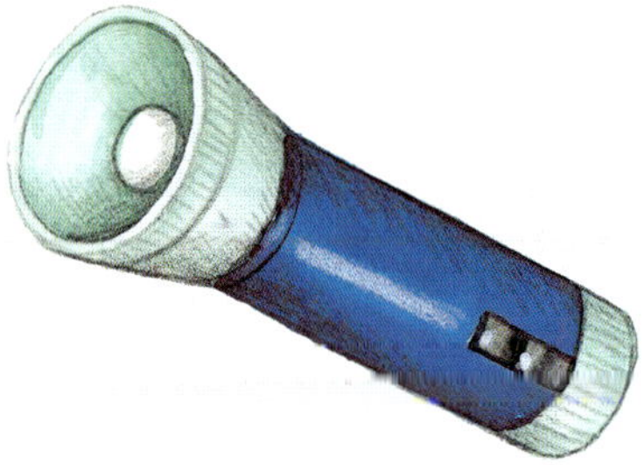

Taschenlampe
torch

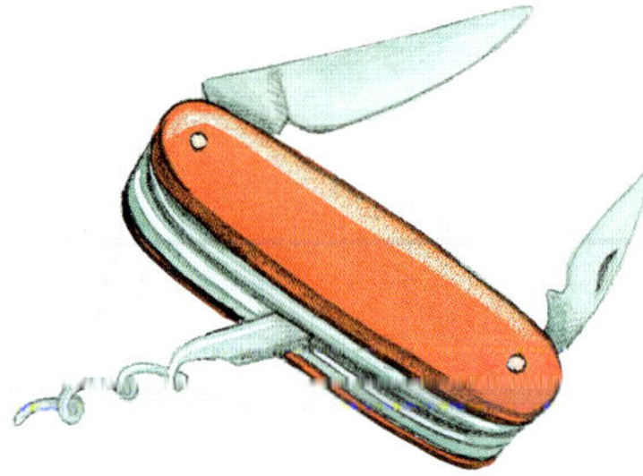

Taschenmesser
pocketknife

Tasse
cup

Tasche
bag

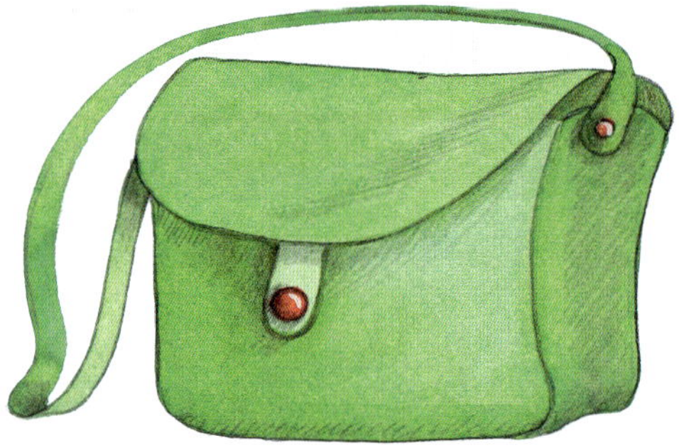

Tankstelle
petrol station

Tanne
fir tree

Tag
day

Taube
pigeon

Taxi
taxi

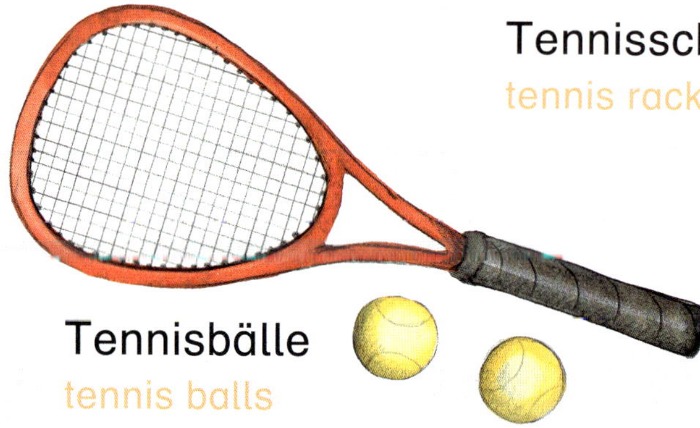

Tennisschläger
tennis racket

Tennisbälle
tennis balls

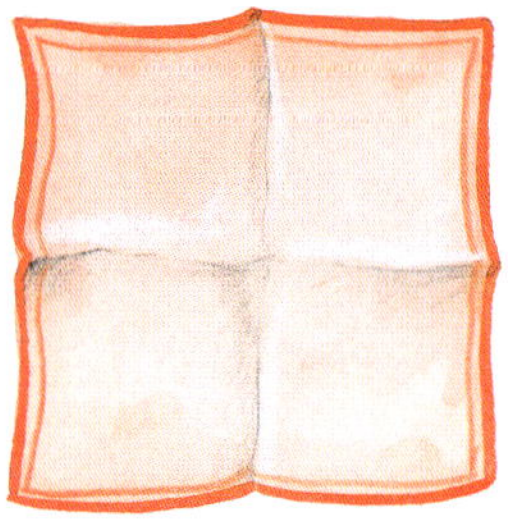

Taschentuch
handkerchief

Telefon
telephone

Teekanne
teapot

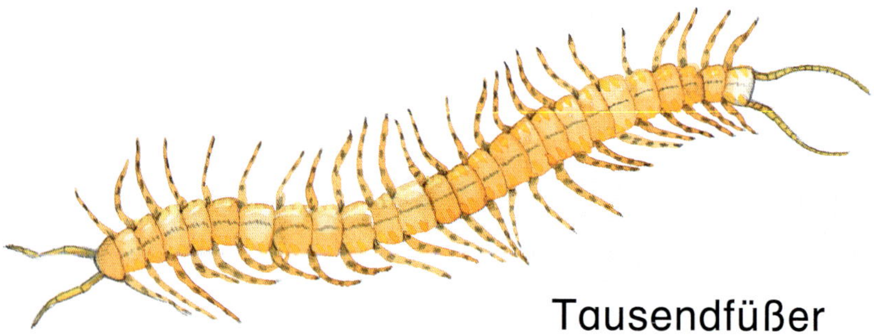

Tausendfüßer
centipede

Teddybär
teddy bear

Teppich
carpet

Teller
plate

Tisch
table

Tiger
tiger

Tintenfisch
squid

Tor
gate

Toilette
toilet

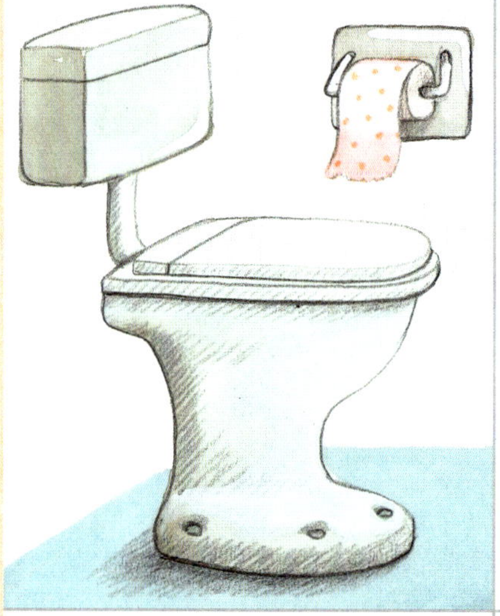

Traktor
tractor

Tomate
tomato

Trauben
grapes

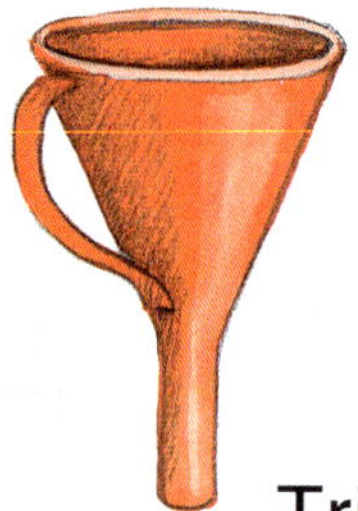

Trichter
funnel

Treppe
staircase

Topf
pan

Trompete
trumpet

Tulpe
tulip

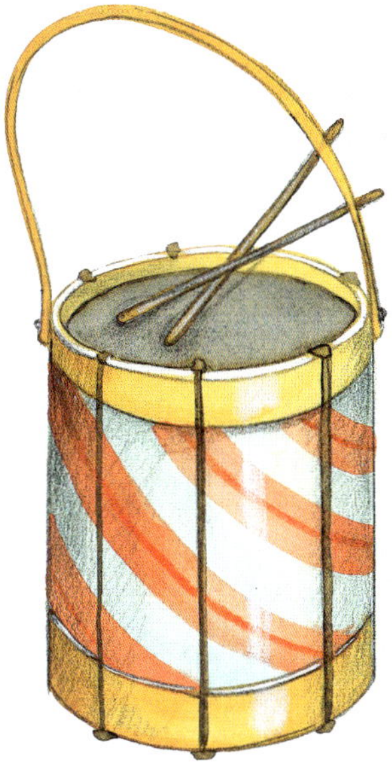

Trommel
drum

Turm
tower

Tunnel
tunnel

U

Ungeheuer
monster

Uhu
eagle-owl

Uhr
clock

U-Boot
submarine

Urwald
jungle

V

Vogelscheuche
scarecrow

Vase
vase

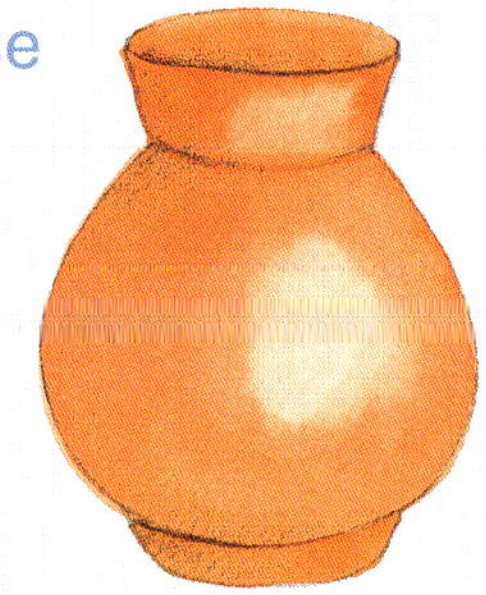

Vergissmeinnicht
forget-me-not

Verkehrsschild
traffic sign

Vogelhäuschen
bird-house

Vulkan
volcano

Waage

scales

Wärmflasche

hot-water bottle

W

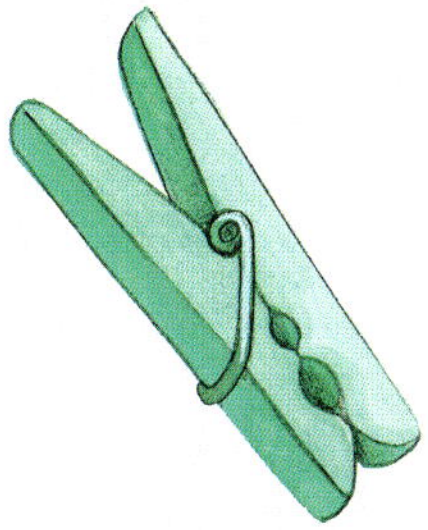

Wäscheklammer

clothes peg

Waschlappen

flannel

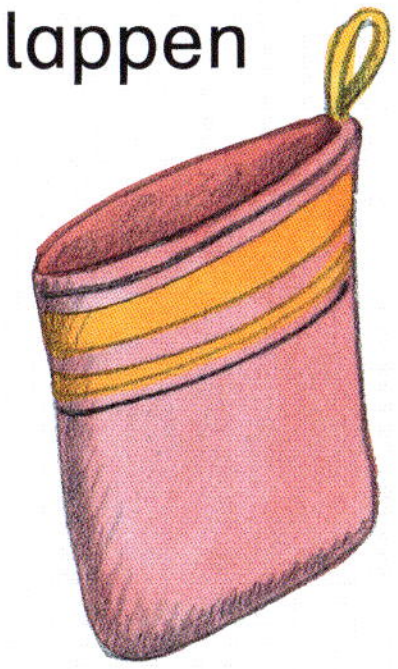

Wal

whale

Wald
forest

Wecker
alarm clock

Werkzeug
tools

Wespe
wasp

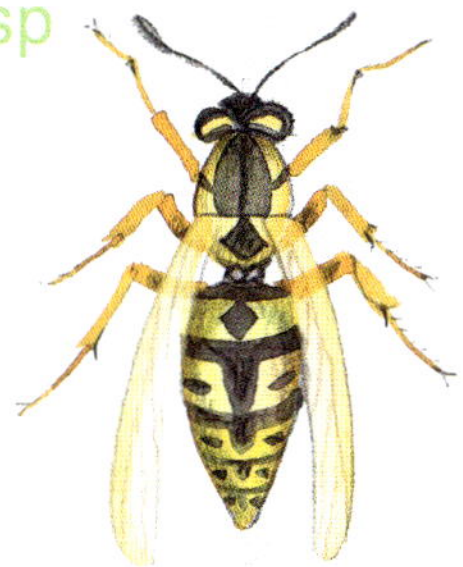

Wegweiser
signpost

Windmühle
windmill

Wellensittiche
budgerigars

Weihnachtsfest
Christmas

Winter
winter

Wildschweine
wild boars

Wurst
sausage

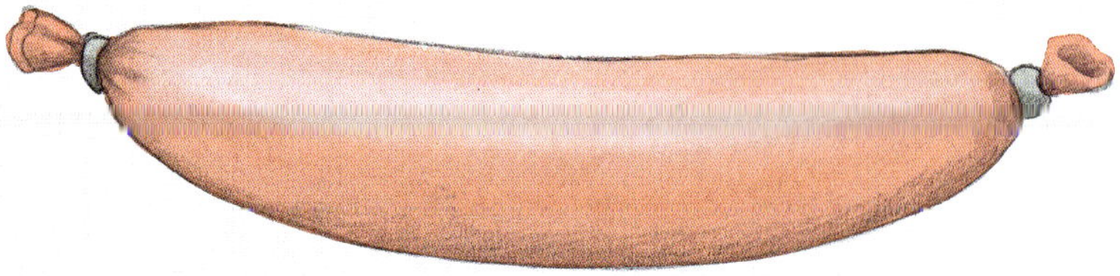

Würfel
dice

Wolle
wool

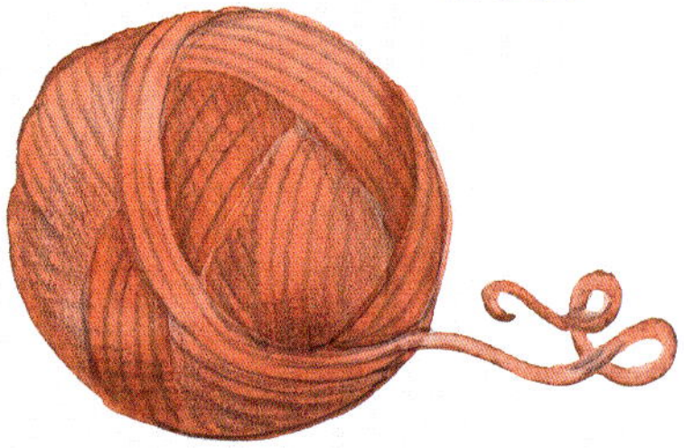

Wolf
wolf

Wolken
clouds

Wiese

meadow

X Y Z

Zahn
tooth

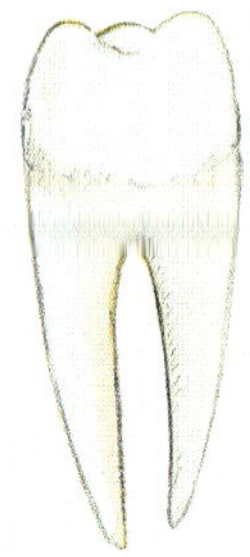

Zahnbürste
toothbrush

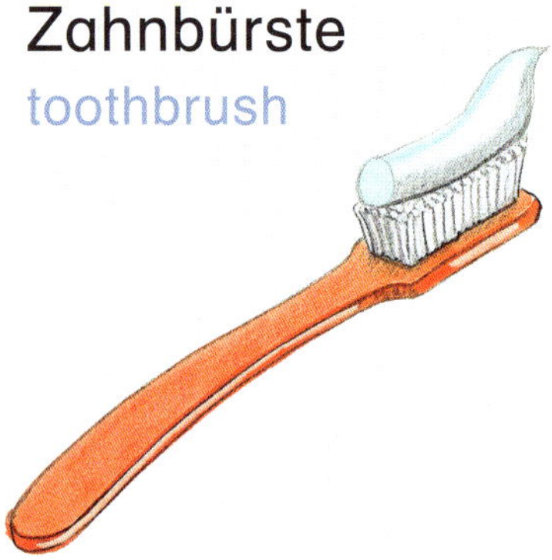

Zeitung
newspaper

Zaun
fence

Zebra
zebra

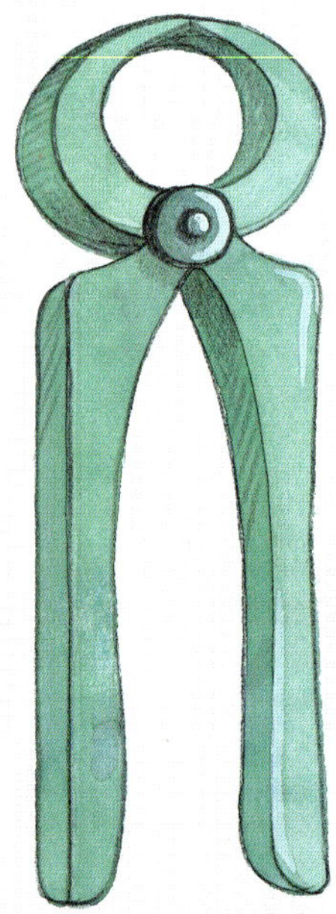

Zange
pliers

Zirkus
circus

Zelt
tent

Zitrone
lemon

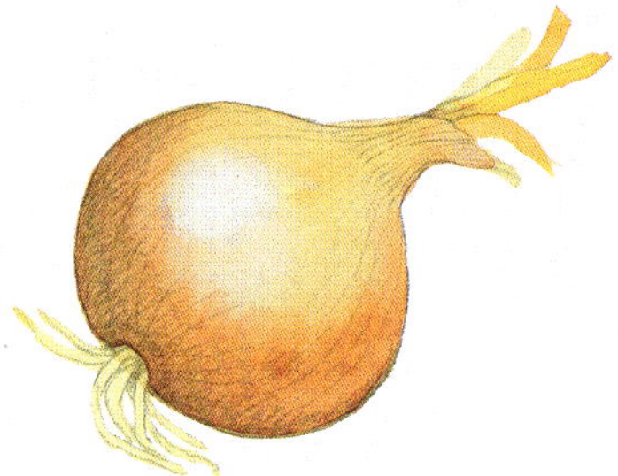

Zwiebel
onion

Zwerg
dwarf

Ziege
goat

Zwillinge
twins

Zoo
zoo

A

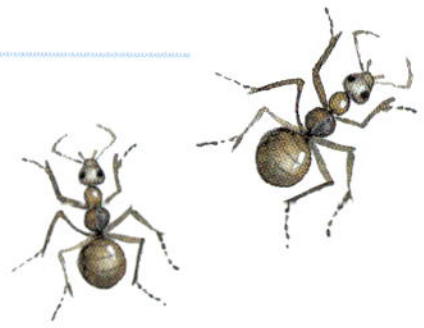

der **Abend**, die Abende
der **Adler**, die Adler
der **Adventskranz**, die Adventskränze
der **Affe**, die Affen
die **Ameise**, die Ameisen
die **Ampel**, die Ampeln
die **Amsel**, die Amseln
die **Ananas**, die Ananas
der **Angler**, die Angler
die **Anglerin**, die Anglerinnen
der **Anker**, die Anker
der **Apfel**, die Äpfel
das **Aquarium**, die Aquarien
der **Arzt**, die Ärzte
die **Ärztin**, die Ärztinnen
der **Astronaut**, die Astronauten
die **Astronautin**, die Astronautinnen
der **Aufzug**, die Aufzüge
das **Auto**, die Autos
die **Axt**, die Äxte

B

das **Baby**, die Babys
die **Bäckerei**, die Bäckereien
das **Bad**, die Bäder
der **Bagger**, die Bagger
der **Bahnhof**, die Bahnhöfe
der **Ball**, die Bälle
das **Ballett**
die **Banane**, die Bananen
die **Bank**, die Bänke
der **Bär**, die Bären
der **Bauernhof**, die Bauernhöfe
der **Bauklotz**, die Bauklötze
der **Baum**, die Bäume
die **Baustelle**, die Baustellen
der **Berg**, die Berge
der **Besen**, die Besen
das **Bett**, die Betten
der **Biber**, die Biber
die **Biene**, die Bienen
die **Birne**, die Birnen
das **Blatt**, die Blätter
der **Blitz**, die Blitze
der **Blumenstrauß**, die Blumensträuße
der **Blumentopf**, die Blumentöpfe
die **Bohne**, die Bohnen
die **Bohrmaschine**, die Bohrmaschinen
das **Boot**, die Boote
die **Brennnessel**, die Brennnesseln
das **Brett**, die Bretter
der **Brief**, die Briefe
der **Briefkasten**, die Briefkästen
die **Briefmarke**, die Briefmarken
der **Briefträger**, die Briefträger
die **Briefträgerin**, die Briefträgerinnen
die **Brille**, die Brillen
die **Brombeere**, die Brombeeren
das **Brot**, die Brote
das **Brötchen**, die Brötchen
die **Brücke**, die Brücken
das **Buch**, die Bücher
der **Buchfink**, die Buchfinken
das **Bügeleisen**, die Bügeleisen
die **Burg**, die Burgen
das **Büro**, die Büros
der **Bus**, die Busse
die **Bushaltestelle**, die Bushaltestellen
die **Butter**
die **Butterblume**, die Butterblumen

C

der **Campingplatz**, die Campingplätze
das **Chamäleon**, die Chamäleons
der **Chor**, die Chöre
der **Clown**, die Clowns
der **Computer**, die Computer
der **Cowboy**, die Cowboys
die **Creme**, die Cremes

D

das **Dach**, die Dächer
der **Dachs**, die Dachse
der **Delfin**, die Delfine
der **Dinosaurier**, die Dinosaurier
die **Distel**, die Disteln
das **Dorf**, die Dörfer
die **Dose**, die Dosen
der **Drache**, die Drachen
der **Drachen**, die Drachen
das **Dreieck**, die Dreiecke
das **Dreirad**, die Dreiräder

E

der **Edelstein**, die Edelsteine
der **Efeu**
das **Ei**, die Eier
die **Eichel**, die Eicheln
das **Eichhörnchen**, die Eichhörnchen
die **Eidechse**, die Eidechsen
der **Eimer**, die Eimer
das **Eis**
der **Eisbär**, die Eisbären
die **Eisenbahn**, die Eisenbahnen
der **Elefant**, die Elefanten
die **Elster**, die Elstern
die **Ente**, die Enten
die **Erbse**, die Erbsen
die **Erdbeere**, die Erdbeeren
die **Erde**
die **Erdnuss**, die Erdnüsse
die **Ernte**, die Ernten
der **Esel**, die Esel
das **Essen**, die Essen
die **Eule**, die Eulen

F

die **Fahne**, die Fahnen
das **Fahrrad**, die Fahrräder
die **Familie**, die Familien
das **Fass**, die Fässer

die **Fastnacht**
die **Feder**, die Federn
der **Federball**, die Federbälle
der **Federballschläger**, die Federballschläger
das **Fenster**, die Fenster
das **Fernglas**, die Ferngläser
der **Fernseher**, die Fernseher
das **Feuer**, die Feuer
die **Feuerwehr**
das **Fieberthermometer**, die Fieberthermometer
der **Fisch**, die Fische
die **Flasche**, die Flaschen
der **Flieder**
die **Fliege**, die Fliegen
die **Flöte**, die Flöten
der **Flughafen**, die Flughäfen
das **Flugzeug**, die Flugzeuge
der **Fluss**, die Flüsse
der **Fotoapparat**, die Fotoapparate
der **Friedhof**, die Friedhöfe
der **Friseur**, die Friseure
die **Friseurin**, die Friseurinnen
der **Frosch**, die Frösche
der **Frühling**
der **Fuchs**, die Füchse
das **Fußballspiel**, die Fußballspiele

G

die **Gabel**, die Gabeln
die **Gans**, die Gänse
das **Gänseblümchen**, die Gänseblümchen
die **Garage**, die Garagen
der **Garten**, die Gärten
der **Geburtstag**, die Geburtstage
die **Geige**, die Geigen
das **Geld**
das **Geschenk**, die Geschenke
das **Getreide**
die **Gießkanne**, die Gießkannen
die **Giraffe**, die Giraffen
die **Gitarre**, die Gitarren
das **Glas**, die Gläser
die **Glocke**, die Glocken
die **Glockenblume**, die Glockenblumen
die **Glühbirne**, die Glühbirnen
das **Glühwürmchen**, die Glühwürmchen
der **Goldfisch**, die Goldfische
die **Grille**, die Grillen
die **Gurke**, die Gurken

H

das **Haar**, die Haare
der **Hafen**, die Häfen
die **Hagebutte**, die Hagebutten
der **Hahn**, die Hähne
der **Hammer**, die Hämmer
der **Hampelmann**, die Hampelmänner
der **Hamster**, die Hamster
der **Handschuh**, die Handschuhe
das **Handtuch**, die Handtücher
der **Hase**, die Hasen
die **Haselnuss**, die Haselnüsse
das **Haus**, die Häuser
die **Heidelbeere**, die Heidelbeeren
der **Herbst**
die **Heuschrecke**, die Heuschrecken
die **Hexe**, die Hexen
die **Himbeere**, die Himbeeren
der **Hirsch**, die Hirsche
der **Hobel**, die Hobel
das **Hochhaus**, die Hochhäuser
die **Hochzeit**, die Hochzeiten
der **Hubschrauber**, die Hubschrauber
das **Hufeisen**, die Hufeisen
das **Huhn**, die Hühner
die **Hummel**, die Hummeln
der **Hund**, die Hunde
der **Hut**, die Hüte
die **Hyazinthe**, die Hyazinthen

I

der **Igel**, die Igel
der **Indianer**, die Indianer
die **Insel**, die Inseln
die **Iris**, die Iris

J

die **Johannisbeere**, die Johannisbeeren
das **Jo-Jo**, die Jo-Jos
der **Jongleur**, die Jongleure
die **Jongleurin**, die Jongleurinnen
das **Judo**

K

der **Kaktus**, die Kakteen
das **Kamel**, die Kamele
die **Kamille**, die Kamillen
der **Kamm**, die Kämme
der **Kanarienvogel**, die Kanarienvögel
das **Känguru**, die Kängurus
das **Kaninchen**, die Kaninchen
die **Karotte**, die Karotten
die **Kartoffel**, die Kartoffeln
das **Karussell**, die Karussells
der **Käse**, die Käse
das **Kasperletheater**, die Kasperletheater
die **Kasse**, die Kassen
die **Kastanie**, die Kastanien
die **Katze**, die Katzen
die **Kerze**, die Kerzen
die **Kette**, die Ketten
das **Kind**, die Kinder
der **Kindergarten**, die Kindergärten
der **Kinderwagen**, die Kinderwagen
die **Kirche**, die Kirchen
die **Kirsche**, die Kirschen

das **Kissen**, die Kissen
die **Kiste**, die Kisten
das **Klavier**, die Klaviere
der **Klee**
der **Knoblauch**
der **Knochen**, die Knochen
der **Knopf**, die Knöpfe
der **Koffer**, die Koffer
der **Kohl**
die **Kokosnuss**, die Kokosnüsse
der **König**, die Könige
die **Königin**, die Königinnen
der **Kran**, die Kräne
das **Krankenhaus**, die Krankenhäuser
der **Krebs**, die Krebse
der **Kreis**, die Kreise
das **Krokodil**, die Krokodile
der **Krokus**, die Krokusse
die **Küche**, die Küchen
der **Kuchen**, die Kuchen
die **Kuh**, die Kühe
der **Kühlschrank**, die Kühlschränke

L

der **Lastwagen**, die Lastwagen
die **Laterne**, die Laternen
die **Leiter**, die Leitern
der **Leopard**, die Leoparden
der **Leuchtturm**, die Leuchttürme
die **Libelle**, die Libellen
die **Lilie**, die Lilien
der **Löffel**, die Löffel
die **Lokomotive**, die Lokomotiven
der **Löwe**, die Löwen
der **Löwenzahn**
der **Luftballon**, die Luftballons
das **Luftschiff**, die Luftschiffe
die **Lupe**, die Lupen
der **Lutscher**, die Lutscher

M

das **Maiglöckchen**, die Maiglöckchen
der **Maikäfer**, die Maikäfer
der **Mais**
der **Maler**, die Maler
die **Malerin**, die Malerinnen
die **Mandel**, die Mandeln
die **Margerite**, die Margeriten
der **Marienkäfer**, die Marienkäfer
die **Marionette**, die Marionetten
der **Markt**, die Märkte
die **Maske**, die Masken
der **Maulwurf**, die Maulwürfe
der **Maurer**, die Maurer
die **Maurerin**, die Maurerinnen
die **Maus**, die Mäuse
das **Meerschweinchen**, die Meerschweinchen
die **Melone**, die Melonen
das **Messer**, die Messer
der **Metzger**, die Metzger
die **Milch**
der **Mond**, die Monde
der **Morgen**
das **Motorrad**, die Motorräder
die **Mücke**, die Mücken
das **Müllauto**, die Müllautos
die **Mülltonne**, die Mülltonnen
die **Muschel**, die Muscheln
die **Mütze**, die Mützen

N

die **Nacht**, die Nächte
die **Nachtigall**, die Nachtigallen
die **Nadel**, die Nadeln
der **Nagel**, die Nägel
das **Nashorn**, die Nashörner
die **Nelke**, die Nelken
das **Nest**, die Nester
der **Nikolaus**, die Nikolause
das **Nilpferd**, die Nilpferde
die **Nixe**, die Nixen
die **Nudel**, die Nudeln
die **Nuss**, die Nüsse
der **Nussknacker**, die Nussknacker

O

der **Ohrring**, die Ohrringe
die **Olive**, die Oliven
die **Oma**, die Omas
der **Opa**, die Opas
die **Orange**, die Orangen
der **Orang-Utan**, die Orang-Utans
das **Osterei**, die Ostereier
die **Osterglocke**, die Osterglocken

P

das **Paket**, die Pakete
die **Palme**, die Palmen
der **Papagei**, die Papageien
die **Paprika**, die Paprikas
der **Park**, die Parks
die **Petersilie**
die **Pfanne**, die Pfannen
der **Pfannkuchen**, die Pfannkuchen
der **Pfau**, die Pfauen
die **Pfeife**, die Pfeifen
das **Pferd**, die Pferde
der **Pfirsich**, die Pfirsiche
das **Pflaster**, die Pflaster
die **Pflaume**, die Pflaumen
der **Pilz**, die Pilze
der **Pinguin**, die Pinguine
der **Pinsel**, die Pinsel
der **Polizist**, die Polizisten
die **Polizistin**, die Polizistinnen
die **Pommes frites**
die **Post**
der **Pudding**, die Puddings
der **Pullover**, die Pullover
die **Puppe**, die Puppen
das **Puzzle**, die Puzzles

Q

das **Quadrat**, die Quadrate
die **Qualle**, die Quallen
der **Quark**
die **Quelle**, die Quellen
die **Quitte**, die Quitten

R

der **Rabe**, die Raben
das **Radieschen**, die Radieschen
das **Radio**, die Radios
die **Rakete**, die Raketen
die **Raupe**, die Raupen
das **Rechteck**, die Rechtecke
der **Regen**
der **Regenbogen**, die Regenbogen
der **Regenschirm**, die Regenschirme
der **Regenwurm**, die Regenwürmer
das **Reh**, die Rehe
der **Reißverschluss**, die Reißverschlüsse
der **Reiter**, die Reiter
die **Reiterin**, die Reiterinnen
der **Rettungswagen**, die Rettungswagen
der **Riese**, die Riesen
der **Ritter**, die Ritter
der **Roboter**, die Roboter
der **Rollschuh**, die Rollschuhe
der **Rollstuhl**, die Rollstühle
die **Rose**, die Rosen
der **Rucksack**, die Rucksäcke
die **Rutschbahn**, die Rutschbahnen

S

der **Sack**, die Säcke
die **Säge**, die Sägen
der **Salat**, die Salate
das **Schaf**, die Schafe
der **Schäfer**, die Schäfer
die **Schäferin**, die Schäferinnen
der **Schal**, die Schals
die **Schaufel**, die Schaufeln
die **Schaukel**, die Schaukeln
das **Schaukelpferd**, die Schaukelpferde
die **Schere**, die Scheren
das **Schiff**, die Schiffe
die **Schildkröte**, die Schildkröten
die **Schlange**, die Schlangen
die **Schleife**, die Schleifen
der **Schlitten**, die Schlitten
der **Schlittschuh**, die Schlittschuhe
das **Schloss**, die Schlösser
der **Schlüssel**, die Schlüssel
der **Schmetterling**, die Schmetterlinge
die **Schnecke**, die Schnecken
das **Schneeglöckchen**, die Schneeglöckchen
der **Schneemann**, die Schneemänner
der **Schnittlauch**
die **Schokolade**
der **Schornstein**, die Schornsteine
der **Schornsteinfeger**, die Schornsteinfeger
die **Schornsteinfegerin**, die Schornsteinfegerinnen
der **Schrank**, die Schränke
die **Schranke**, die Schranken
die **Schraube**, die Schrauben
der **Schraubendreher**, die Schraubendreher
die **Schubkarre**, die Schubkarren
die **Schulklasse**, die Schulklassen
die **Schüssel**, die Schüsseln
die **Schwalbe**, die Schwalben
der **Schwamm**, die Schwämme
der **Schwan**, die Schwäne
das **Schwein**, die Schweine
das **Schwimmbad**, die Schwimmbäder
der **See**, die Seen
der **Seehund**, die Seehunde
das **Seepferdchen**, die Seepferdchen

die **Seerose**, die Seerosen
der **Seestern**, die Seesterne
das **Segelboot**, die Segelboote
die **Seife**, die Seifen
die **Seifenblase**, die Seifenblasen
die **Seilbahn**, die Seilbahnen
der **Sessel**, die Sessel
das **Sieb**, die Siebe
das **Skateboard**, die Skateboards
der **Ski**, die Skier
das **Sofa**, die Sofas
der **Sommer**, die Sommer
die **Sonne**, die Sonnen
die **Sonnenblume**, die Sonnenblumen
die **Sparbüchse**, die Sparbüchsen
der **Spargel**, die Spargel
der **Spaten**, die Spaten
der **Spatz**, die Spatzen
der **Specht**, die Spechte
der **Spiegel**, die Spiegel
der **Spielplatz**, die Spielplätze
die **Spinne**, die Spinnen
der **Sportplatz**, die Sportplätze
der **Springbrunnen**, die Springbrunnen
das **Springseil**, die Springseile
die **Stachelbeere**, die Stachelbeeren
die **Stadt**, die Städte
der **Star**, die Stare
der **Staubsauger**, die Staubsauger
der **Stein**, die Steine
das **Sternbild**, die Sternbilder
das **Stiefmütterchen**, die Stiefmütterchen
der **Storch**, die Störche
der **Strand**, die Strände
die **Straße**, die Straßen
die **Straßenbahn**, die Straßenbahnen
das **Streichholz**, die Streichhölzer
der **Strohhalm**, die Strohhalme
der **Stuhl**, die Stühle
der **Supermarkt**, die Supermärkte

T

der **Tag**, die Tage
die **Tankstelle**, die Tankstellen
die **Tanne**, die Tannen
die **Tasche**, die Taschen
die **Taschenlampe**, die Taschenlampen
das **Taschenmesser**, die Taschenmesser
das **Taschentuch**, die Taschentücher
die **Tasse**, die Tassen
die **Taube**, die Tauben
der **Tausendfüßer**, die Tausendfüßer
das **Taxi**, die Taxis
der **Teddybär**, die Teddybären
die **Teekanne**, die Teekannen
das **Telefon**, die Telefone
der **Teller**, die Teller
der **Tennisball**, die Tennisbälle
der **Tennisschläger**, die Tennisschläger
der **Teppich**, die Teppiche
der **Tiger**, die Tiger
der **Tintenfisch**, die Tintenfische
der **Tisch**, die Tische
die **Toilette**, die Toiletten
die **Tomate**, die Tomaten
der **Topf**, die Töpfe
das **Tor**, die Tore
der **Traktor**, die Traktoren
die **Traube**, die Trauben
die **Treppe**, die Treppen
der **Trichter**, die Trichter
die **Trommel**, die Trommeln
die **Trompete**, die Trompeten
die **Tulpe**, die Tulpen
der **Tunnel**, die Tunnel
der **Turm**, die Türme

U

das **U-Boot**, die U-Boote
die **Uhr**, die Uhren
der **Uhu**, die Uhus
das **Ungeheuer**, die Ungeheuer
der **Urwald**, die Urwälder

V

die **Vase**, die Vasen
das **Vergissmeinnicht**
das **Verkehrsschild**, die Verkehrsschilder
das **Vogelhäuschen**, die Vogelhäuschen
die **Vogelscheuche**, die Vogelscheuchen
der **Vulkan**, die Vulkane

W

die **Waage**, die Waagen
der **Wal**, die Wale
der **Wald**, die Wälder
die **Wärmflasche**, die Wärmflaschen
die **Wäscheklammer**, die Wäscheklammern
der **Waschlappen**, die Waschlappen
der **Wecker**, die Wecker
der **Wegweiser**, die Wegweiser
das **Weihnachtsfest**, die Weihnachtsfeste
der **Wellensittich**, die Wellensittiche
das **Werkzeug**, die Werkzeuge
die **Wespe**, die Wespen
die **Wiese**, die Wiesen
das **Wildschwein**, die Wildschweine
die **Windmühle**, die Windmühlen
der **Winter**, die Winter
der **Wolf**, die Wölfe
die **Wolke**, die Wolken
die **Wolle**
der **Würfel**, die Würfel
die **Wurst**, die Würste

X

Y

Z

der **Zahn**, die Zähne
die **Zahnbürste**, die Zahnbürsten
die **Zange**, die Zangen
der **Zaun**, die Zäune
das **Zebra**, die Zebras
die **Zeitung**, die Zeitungen
das **Zelt**, die Zelte
die **Ziege**, die Ziegen
der **Zirkus**, die Zirkusse
die **Zitrone**, die Zitronen
der **Zoo**, die Zoos
der **Zwerg**, die Zwerge
die **Zwiebel**, die Zwiebeln
der **Zwilling**, die Zwillinge

N

S

R

P

O

T

Q